BUCHER'S
IRLAND

BUCHER'S
IRLAND

Fotos: Fritz Dressler
Text: Roland Hill

Inhalt

Roland Hill
- 8 Melancholie und Geschichte
- 8 Die Nord-Süd-Trennung vor Jahrtausenden
- 11 Ein Heiliger für Irland
- 12 Irlands Europamission
- 12 Zur Hölle oder nach Connacht
- 15 Protestanten zu Pferd
- 18 Die Macht des Wortes
- 21 Von Home Rule zur Unabhängigkeit
- 22 Nordirland

Anthologie
- 24 «Fáilte!» – Willkommen auf der grünen Insel

Roland Hill
- 48 Irland in Stichworten

- 56 Quellennachweis
- 56 Impressum

Seite 2: Cottage bei Belmullet in der Grafschaft Mayo.

Links: Bucht auf Achill Island.

Seite 6/7: Kleine Siedlung in der Galway Bay im Westen der grünen Insel.

Melancholie und Geschichte

> Wo auch immer ich mich aufhielt in Irland –
> dies war das Geheimnis seines Zaubers, daß das Land
> lächelte unter Wolken von Schwermut.
>
> A. E. Johann

Irland, England und das europäische Festland waren jahrtausendelang miteinander verbunden. Der Einsturz der letzten verbindenden Gletschermoräne erklärt das Fehlen vieler Sträucher und Baumarten auf der Insel sowie kleiner Tiere wie Kröten und Schlangen, die irischen Boden nicht mehr erreichen konnten. Die Natur hatte offenbar das getan, was dem heiligen Patrick zugeschrieben wird, als er mit Ausnahme der «Schlange der Zwietracht» auch die Schlangen aus Irland verbannte. Vor etwa 10 000 Jahren kam es zur Trennung in der Irischen See: Die kleine Insel lag nun im Schoß der großen und war dieser auf alle Zeiten ausgeliefert. Man spricht immer noch von den «britischen Inseln», wenngleich es dem seit sieben Jahrzehnten unabhängigen Irland gegenüber höflicher wäre, es als «atlantische Insel» zu bezeichnen. Die Iren, die gerne Träume spinnen, haben sich schon immer ausgemalt, wie schön es gewesen und wie anders ihre Geschichte verlaufen wäre, wenn ihre Insel hundert Seemeilen weiter westlich im Atlantischen Ozean läge.

Irlands Landschaften und Menschen sind geprägt vom milden, feuchten Golfstromklima. Es war nicht so sehr der starke Regenfall, sondern sein beharrliches Rieseln und die schwache Verdunstung, die im Laufe der Jahrtausende die Zerstückelung des irischen Hochlandes bewirkten und die obere Kohleschicht der Karbonzeit zerstörte.

Die Iren haben im Lauf der Jahrhunderte ihre Wälder abgeholzt und in ihren Öfen verheizt, ohne neue Bäume zu pflanzen. Dies ist der Hauptgrund dafür, daß die Insel heute zu den Ländern mit dem geringsten Baumbestand und den damit verbundenen negativen ökologischen Auswirkungen gehört. Irland wurde so auch einer Hauptquelle der Industrialisierung beraubt, was unter anderem seine verspätete industrielle Entwicklung erklärt. Im Land erwiesen sich überdies die Unterschiede zwischen dem wärmeren Süden und dem kälteren Norden sowie die landschaftliche Zerstückelung als entscheidende Trennungsfaktoren, denen sich die Menschen zu fügen hatten.

Die Hügellandschaft Irlands bildete einen äußeren Schutzwall gegen Eindringlinge. Jäger, keltische Krieger, Wikinger, Händler, Zisterziensermönche, anglo-normannische Fürsten und englische Könige konnten nur auf der Britannien gegenüberliegenden, 120 Kilometer langen flachen Küste zwischen Dublin und Belfast landen oder über die Flußmündungen ins Land einfahren, um dort erste Stützpunkte zu errichten. Die innere Berg- und Moorlandschaft war Schutz und Fluchtstätte der ersten hier siedelnden Menschen und verhinderte eine totale Unterwerfung Irlands durch die Kelten und Engländer, allerdings auch seine nationale Einigung. Von einer «Wiedervereinigung» der britischen und irischen Inselhälfte zu sprechen, ist daher strenggenommen falsch. Die Insel bildete lange Zeit keine politische Einheit, nur unter den im Mythos versunkenen Hochkönigen (vom 5. bis 12. Jahrhundert) und während der Jahrhunderte der britischen Herrschaft (seit 1541 bis 1921).

Die Nord-Süd-Trennung vor Jahrtausenden

Der irische Norden hatte schon lange vor der Kolonisierung durch schottische und englische Presbyterianer im 17. Jahrhundert jene Eigenständigkeit, die heute von einer Million nordirischer Protestanten gegen jeden «Anschluß» an die souveräne (katholische) Republik Irland verteidigt wird. Die quer durchs Land gezogene 450 Kilometer lange Grenze, die seit 1921 die sechs Grafschaften des britischen Nordirland von der

---

Dublin-Door – charakteristisch und auffällig im grauen «lieben, schmuddligen Dublin» (James Joyce).

Seite 10 und 11: Dublin – mittags am College Green und auf der O'Connell Street ...

kleinen Republik trennt, folgt einer aus Hügelketten, Bächen, kleinen Seen und Mooren bestehenden Linie, die Ulster schon immer vom irischen Süden absonderte und heute noch nordirische und südirische Dialekte trennt.

In prähistorischer Zeit diente der sogenannte Drumlins-Gürtel der Verteidigung des Königreichs Ulster gegen den Süden. Die schottischen und englischen Kolonisatoren des 17. Jahrhunderts siedelten sich in den fruchtbaren Teilen des nördlichen Hügellandes an. Flachs wurde angebaut, Spinnereien und Webereien entstanden. Und Flachs wurde zum Symbol der Zähigkeit der hier lebenden Menschen. Die Leinenindustrie begründete den industriellen Vorsprung des Nordens, der dann Ende des 19. Jahrhunderts mit den Belfaster Schiffswerften seinen Höhepunkt erreichte. Die Katholiken, in Ulster zur Minderheit geworden, lebten in der ärmeren Hügelgrenzlandschaft des «Border County» oder in gettoähnlichen Stadtbezirken kaum mit der Mehrheitsbevölkerung vermischt. Die Minderheit wurde durch den ständigen Zuzug Arbeitsuchender aus dem südlichen Irland verstärkt, bis dann auch die junge Republik Anschluß an die industrielle Entwicklung fand.

Der Norden war der erste besiedelte Teil der irischen Insel etwa um 4000 v. Chr. Funde von Feuersteinwerkzeugen deuten darauf hin, daß die ersten Siedler wahrscheinlich vom europäischen Festland über Schottland kamen und kulturell mit westeuropäischen und skandinavischen Küstenbewohnern verbunden waren. «Firbolgs» wurden diese kleinen, dunkelhaarigen, aus dem Mittelmeergebiet stammenden Einwanderer genannt. Ihnen folgten, nach der die Götter und Menschenschicksal verbindenden Überlieferung, die Nemedier, die die Firbolgs verdrängten. Die nächsten Einwanderer waren die Milesier oder Gälen – den Römern als «Scotii» (Schotten) bekannt –, die um 800 alle anderen keltischen Stämme besiegt hatten. Die Großsteingräber (um 3000–1800 v. Chr.) zeugen von einer Megalithkultur mit regional unterschiedlichen Vorstellungen von Tod und Jenseits. Von den 20 000 im westlichen Europa erhaltenen Steingräbern gibt es allein 1250 in Irland.

Irland gelang es immer wieder, Eroberer gewaltlos zur Übernahme irischer Sitten und Gebräuche zu bewegen. Selbst die Wikinger, die nach einem Jahrhun-

... Irlands Metropole erstickt noch nicht wie andere europäische Hauptstädte im Verkehrschaos.

dert sporadischer Raubüberfälle in Irland Niederlassungen gründeten, und nach ihnen die normannischen Feudalherrn erlagen dem irischen Charme. Jahrhunderte später bildeten englische und schottische Besatzer im südlichen Irland die Oberschicht der Anglo-Iren, die sich so stark mit ihrer Heimat identifizierten, daß sie auch einen maßgeblichen Anteil an der politischen und publizistischen Führung des Unabhängigkeitskampfes hatten. Hätten die Römer, wären sie nach Irland gekommen, dem betörenden Charme der Iren widerstanden und hätten sie ihnen, wie dem übrigen westlichen Europa, «Zucht und Ordnung» beibringen können? Aber die Römer hatten nicht mehr die Kraft, auch nicht die Lust, über die von Barbaren bedrohten nördlichen Wälle Britanniens hinaus ins wilde keltische Schottland und übers Meer nach Irland vorzustoßen. Irland lag für sie am Rand der ihnen bekannten Welt, des «Orcus» (Hölleneingang, von dem sich die Bezeichnung Orkney Inseln ableitet). Und als sie nach vier Jahrhunderten aus Britannien abzogen, weil dieser ferne Vorposten des Weltreiches nicht mehr zu verteidigen war, fiel das Land wieder in die Barbarei zurück.

In Irland war aber eine hochstehende christliche Kultur mit bedeutsamen künstlerischen und literarischen Leistungen aufgeblüht, die nicht von städtischen Bischofssitzen wie auf dem Kontinent, sondern von abgeschiedenen Klosterkirchen ihren Ausgang nahm. In den Spuren der Römer, jedoch in umgekehrter Richtung, folgten die irischen Missionare. Sie kamen aus einer mehr oder weniger unabhängig von Rom entstandenen Welt, in der man gewohnt war, nicht – wie weiland Bonifatius – die alten heidnischen Heiligtümer zu zerschlagen, sondern sie zu übernehmen und dem neuen Glauben dienstbar zu machen. Auch unter den Einflüssen der Ostkirche und der Wüstenväter entstand in Irland ein betont asketisches, auf das Leid der Menschen in barbarischen Zeiten abgestelltes Christentum. Es war wie geschaffen für ein Volk, das unter der Fremdherrschaft leben mußte, fern vom mittelalterlichen Triumphalismus Roms.

Ein Heiliger für Irland

In der blutigen, von inneren Kämpfen geprägten Geschichte Irlands gibt es nur ein einziges weißes Blatt:

die friedlich vollzogene Ausbreitung des irischen Mönchtums. Am Anfang steht der heilige Patrick. Er war wahrscheinlich ein gebürtiger Brite, Sohn eines Stadtrats und christlichen Diakons aus der Waliser Grenzgegend. Mit sechzehn Jahren, um 415, geriet Patrick mit anderen in die Gefangenschaft irischer Piraten und wurde als Leibeigener nach Irland gebracht. Sechs Jahre lang hütete er die Herde seines Herrn im Norden der Insel. In einem Traum wurde ihm die Befreiung verheißen. Er machte sich auf den Weg, und er erreichte nach monatelanger Wanderung einen Hafen. Seeleute nahmen ihn auf ihrem Schiff mit, vermutlich ins Frankenreich, wo er etwa acht Jahre blieb. Um 429 kehrte er in sein britisches Elternhaus zurück, um nach Empfang der Priesterweihe, vielleicht aber auch schon als Bischof, wieder nach Irland zu gehen und dort dreißig Jahre lang die Missionsaufgabe, zu der er sich berufen fühlte, zu erfüllen.

«Ich, Patrick, Sünder, einfachster Landmann, geringster aller Gläubigen und von vielen verachtet» – so beginnt die «Confessio», die Patrick im hohen Alter schrieb und die bis heute ein hochinteressantes Dokument irischer Frömmigkeit ist – eines einfachen, leidensbereiten, aber beharrlichen Glaubens, ungelehrt und keine Unterschiede zwischen Arm und Reich kennend, aber im Grunde angemessen für das «Exil», als das nach christlicher Auffassung die menschliche Existenz in der Welt bis zur Erlösung gesehen werden kann. Patrick schien prophetisch das zukünftige Schicksal der Iren vorausgesehen zu haben, daß sie nämlich fast die ganze Welt, zumal die amerikanische, bevölkern würden, weil Irland seine eigenen Kinder nicht ernähren konnte.

Die von Patrick vorgezeichneten Glaubensformen haben sich nicht nur bei irischen Emigranten, sondern auch in Irland selbst in puritanisch-jansenistischen Zügen bis heute erhalten: Religion muß, um wirksam zu sein, auch hart sein. Alljährlich pilgern von Pfingsten bis Mariä Himmelfahrt Zehntausende zu einer «spirituellen Schlankheitskur» nach der kleinen Insel Lough Derg in der Grafschaft Donegal, wo Patrick, einer im 12. Jahrhundert entstandenen Legende nach, eine Vision vom Fegefeuer hatte.

Und am letzten Sonntag im Juli ziehen Pilger zum 750 Meter hohen Patricksberg «Croagh Patrick» in der Grafschaft Mayo. Patrick hatte dort, der Überlieferung nach, mit einem Engel gerungen, um von Gott die Zusage zur Rettung ebensovieler Seelen am Jüngsten Tag zu erhalten wie seine (Patricks) Kutte Haare hatte. Männer, Frauen und Kinder, in Anoraks oder in Mäntel gehüllt, gehen, stolpern oder rutschen auf nackten, wundgescheuerten Knien das Geröll aus spitzen Steinen hinauf, den Leidensweg Christi nachvollziehend.

Irlands Europamission

Der heilige Patrick und seine Begleiter, die eine kleine Missionsgemeinschaft bildeten, begründeten den Bischofssitz von Armagh (heute in Nordirland) als Teil eines zukünftigen Diözesennetzes, das mit der Einführung des römischen bischöflichen Systems im 12. Jahrhundert aufgebaut wurde. Bis dahin waren die Klöster die kirchliche Haupteinheit geblieben. Sie trotzten den Hochkönigen und behaupteten sich später auch gegenüber den Bischöfen, die keine Landesherren wie in Kontinentaleuropa waren. Patrick wählte Armagh als Sitz, weil es in der Nähe der alten Druidenhauptstadt Emain lag, bei Tara, der heiligen Stätte des Druidenkults, dessen «Erbe» seine Jünger antraten. Ein Jahrhundert nach Patricks Tod (461) gingen irische Mönche in alle Welt. Darin unterschieden sie sich zum Beispiel von den Benediktinermönchen, die sich zur Seßhaftigkeit verpflichtet hatten.

Die Iren waren nie an einem Ort zu halten. Vom heiligen Brendan (gestorben 577) heißt es, er sei als großer Seefahrer sogar bis nach Amerika gekommen. Seine abenteuerliche Fahrt ins «gelobte Land der Heiligen» ist in dem Reiseroman «Navigatio Brendani» beschrieben, der im Mittelalter viel gelesen wurde. Der Ire Kolumba (genannt Columcille) landete 563 mit zwölf Begleitern auf der kleinen Hebriden-Insel Iona, von wo aus er Schottland missionierte. Um 635 begann auch Aidan von Iona aus mit der Missionierung Nordenglands. Ein weiterer irischer Missionar war der Abt Kolumba aus Leinster, der 590 ins Frankenreich ging und nach langer Wanderung das Kloster Luxeuil und später das Kloster Bobbio in der Lombardei gründete. Andere irische Mönche zogen nach Flandern, den Rhein entlang zu den Alemannen, an den Bodensee, in die Schweiz und nach Bayern. Kilian (gestorben 689) wurde Bischof von Würzburg, Virgilius im Jahr 755 Bischof von Salzburg. Auch Korbinian (von München-Freising), der stets mit einem mit Gepäck beladenen Bären abgebildet wurde, war irischer Abstammung. Die sogenannten Schottenklöster der Benediktiner in Süddeutschland und Österreich sollten eigentlich Irenklöster heißen, aber «Scotia» war im frühen Mittelalter auch die Bezeichnung für Irland.

Zur Hölle oder nach Connacht

Der strategische Wert Irlands als Hintertür nach England war den Feinden Englands nur zu bekannt, von

Im Innenhof des altehrwürdigen Trinity College, Dublins Universität aus dem 16. Jahrhundert.

Seite 14 und 15: Zwischen zwei Vorlesungen – Professor und Studenten im Park des Trinity College.

den Landungsversuchen zur Zeit der Französischen Revolution bis zu der deutschen Unterstützung der irischen Unabhängigkeitskämpfer im Ersten und Zweiten Weltkrieg. Aber, den irischen Widerstand zu brechen, war das Werk Englands. Der von den Tudorkönigen gewollte Bruch mit der päpstlichen Kirche begann in England wie in Irland mit der Enteignung der Klöster. Ihr Besitz wurde zum Teil den Kollaborateuren Heinrichs VIII. als Belohnung gegeben. Daß die Iren aber dem Katholizismus und den Stuartkönigen die Treue hielten, wurde ihnen mit englischen Strafexpeditionen vergolten, am ärgsten von Oliver Cromwell, der, ebenso brutal wie sein schwedischer Zeitgenosse Gustav Adolf im Dreißigjährigen Krieg auf dem Kontinent, auf der Insel wütete. Die Iren machen noch heute England für die von ihm begangenen Greuel verantwortlich, wobei sie vergessen, daß Cromwell zuvor auch erst England zu unterwerfen hatte. Daß er viel Leid über Irland brachte, ist nicht zu leugnen. Die katholischen Iren, die Landbesitz hatten, durften wählen zwischen «Hölle oder Connacht», das heißt zwischen Tod oder Verbannung nach der unfruchtbaren Region jenseits des Shannon. Dort wurden ihnen kleine Grundstücke verpachtet, die sie unter Androhung der Todesstrafe nicht verlassen durften.

Ein letzter Versuch der europäischen katholischen Potentaten, den Stuarts durch die irische Hintertür wieder auf den englischen Thron zu verhelfen, scheiterte am 12. Juli 1690, als Englands Oranierkönig William III. das französisch-irische Heer am Fluß Boyne in Ulster besiegte. Das war das Signal für den katholischen Adel zur Flucht. Als «Wildgänse» wurden sie bekannt, und viele von ihnen (unter anderen die Butlars, MacMahons oder Taafes) kamen in französischen, österreichischen und spanischen Armeen sowie in Staatsdiensten zu hohen Ehren. Im Jahr 1800 wurde Irland unter direkte englische Herrschaft gestellt; es folgte eine Zeit der Stagnation und Mißwirtschaft; Irland lag zu weit weg von London. Die Engländer hatten mit eigenen schweren Sozialproblemen genug zu tun, um auch den irischen Nöten gerecht zu werden. Und als auf der Insel die schreckliche Kartoffelpest und die Hungersnot ausbrachen, war es schon zu spät für wirkungsvolle Hilfsmaßnahmen.

Es kam zu einer Auswanderungsflut nach Nordamerika, Australien und Neuseeland: bis zum Ende

An diesem College studierten unter anderen auch Jonathan Swift, Oscar Wilde und Samuel Beckett.

des Jahrhunderts verringerten Hungersnot und Massenauswanderung Irlands Bevölkerung von 8,5 auf vier Millionen Menschen. Die meisten Auswanderer dachten nie daran, in die Heimat zurückzukehren. Sie wollten nur so schnell wie möglich Geld verdienen, um auch ihren Angehörigen in der unglückseligen Heimat zu helfen. Das geistige Gepäck dieser Auswanderer bestand aus nicht viel mehr als ihrer Glaubenstreue, die gestärkt wurde von den sie in die Diaspora begleitenden Priestern, und vor allem aus dem Haß auf England, dem das irische Leid und Schicksal zu recht oder zu unrecht angelastet wurde.

Viele Millionen Iren leben über die ganze Welt verstreut. Allein die amerikanische Bevölkerung irischer Abstammung wird heute auf 40 Millionen Menschen geschätzt; das ist das Achtfache der heutigen Bevölkerung Gesamtirlands. Ohne den großen irischen Einfluß hätte die katholische Kirche in den Vereinigten Staaten, England und Australien nicht die Bedeutung erlangt, die sie heute in diesen Ländern hat. Iren nahmen zum Beispiel auch in der einst unter mafia-ähnlichen – wenn auch nicht unbedingt kriminellen – Verhältnissen leidenden amerikanischen Kommunalpolitik führende Positionen ein. Die Kinder armer irischer Auswanderer der ersten und zweiten Generation waren häufig sehr stark politisch engagiert; die Mitglieder der englischen, amerikanischen und australischen Arbeiterbewegung sowie die kommunistischen Parteien dieser Länder weisen zahlreiche irische Namen auf.

Protestanten zu Pferd

Wie bitterer Hohn mutet es an, daß gerade in der Zeit der größten Armut und Not im 18. und frühen 19. Jahrhundert Irland eine Ära hoher kultureller Blüte erlebte und die schönsten Landschlösser sowie die elegantesten Herrschaftshäuser Dublins gebaut wurden. Es gab im Grunde ein sozial zweigeteiltes Irland: das katholische Irland des armen Volkes, das an seiner Sprache und Religion festhielt, und das begüterte Irland der anglo-irischen protestantischen Oberschicht mit seinem entsprechend starken schottischen, presbyteria-

Seite 16/17: Ruinen von Adare, einer anglo-normannischen Dorfgründung in der Grafschaft Limerick.

nischen Einschlag in Ulster. Vor allem auf der Rennbahn sind die Nachkommen der «Ascendency», wie die anglo-irische Oberschicht hieß und die Irland drei Jahrhunderte regierte, noch anzutreffen. Zu erkennen sind sie an ihren lauten, schneidenden Stimmen, an den kleinen Trilby-Hütchen, die die gutaussehenden Männer in die Stirn gezogen tragen und an den teuren Tweedkostümen der Frauen.

«Protestanten zu Pferd» nannte sie Brendan Behan. Ihr Leben war und ist noch heute weitgehend dem Lachsfang und der Fuchsjagd (zum Teil in Verbindung mit irgendeiner lukrativen Einnahmequelle) gewidmet. Das Pferd wurde zu einem Bindeglied zu ihrer irischen Umwelt. Zwei Frauen, die selbst aus dieser Oberschicht stammten, haben der Ascendency ein einmaliges literarisches Denkmal gesetzt: Edith Sommerville und Violet Martin (Pseudonym: Martin Ross), die unter anderem mit viel Komik das irische Landleben in den beiden Jahrzehnten vor dem Ersten Weltkrieg in ihren Erzählungen schildern. Die immer wiederkehrende und historisch interessante Pointe dieser Geschichten ist, wie sehr diese Repräsentanten der britischen Herrschaft im Grunde von den ihnen so beflissen und charmant-ergeben dienenden Iren beherrscht werden.

Mit Irland, dem Land der «romantischen Landschaften» und «liebenswerten Menschen», verbinden sich viele Klischeevorstellungen. Besucher, die entschlossen sind, nur das irische Idyll zu suchen und zu finden, werden sehr enttäuscht sein, wenn sie Iren begegnen, die nicht ihren Erwartungen entsprechen: keine großen Reden schwingen; nicht in ständigem Alkoholdusel oder intimem Kontakt mit der Feenwelt leben; zurückhaltend oder gar schweigsam und auch gar nicht rothaarig sind. Übrigens, nur vier Prozent der irischen Bevölkerung können sich dieses angeblichen Charakteristikums rühmen. Die bekannte irische Schauspielerin Siobhan McKenna sagte einmal zu einem Amerikaner: «Wenn ihr so verrückt seid, den Unsinn, der über uns verzapft wird, zu glauben, dann geschieht es euch recht, darauf hereinzufallen.» – Diese Warnung sei an alle Irlandbesucher weitergegeben.

Auf Menschen aus dem deutschen Sprachraum wirken Iren besonders anziehend, weil sie all das so reichlich besitzen, wovon der Deutsche gern mehr hätte: Phantasie, unkonventionelles Verhalten oder Originalität. Irland erfüllt ähnlich wie Italien eine deutsche Sehnsucht: den Wunsch, anders zu sein. Auf der grünen Insel mit ihren Fuchsienhecken und dem golden blühenden Ginster scheint alles möglich. Der ordentliche deutsche Geist kann sich in der irischen Atmosphäre gut entspannen. Die Iren ihrerseits wären die letzten, die ihnen bekundeten Sympathien nicht auch geschickt auszunutzen. Zumal im Vergleich zu den Engländern, zu denen die Iren aus historischen Gründen ein gespanntes Verhältnis haben, können Deutsche oder Österreicher stets eines besonders herzlichen «Fáilte» (Willkommen) sicher sein.

Die Macht des Wortes

Der irische Journalist Brian Nolan, der in der satirischen Tradition von Jonathan Swift so manche Heucheleien des heutigen Irland anprangerte, sagte einmal im Hinblick auf die in der Republik viel zu hörenden Bekenntnisse zur eigenen Sprache, daß ihm die Sprache Shakespeares, die auch eine Weltsprache sei, völlig ausreiche: «Wir sind glücklich, sie zu besitzen, zumal wir sie so unverkennbar irisch mit allerlei Garnierungen und Guinnessflecken ausgeschmückt haben und darauf stolz sein können.» Das war das eigentliche große Werk der anglo-irischen Literatur in fast drei Jahrhunderten, an deren Beginn der große Swift steht.

Zum Dekan der protestantischen Saint Patrick's Cathedral bestellt, kehrte er, der in Dublin von englischen Eltern geboren wurde und nachdem er in England berühmt geworden war, 1713 45jährig nach Irland zurück. Er fühlte sich geistig zwar in ein Provinzexil versetzt, aber in seinen weiteren 32 Lebensjahren, die er in Irland verbrachte, wurde er zum großen Dichter der Insel. In «Gullivers Reisen» und in polemischen Schriften gab er seiner Empörung über die ihm vermeintlich persönlich zugefügte berufliche Herabsetzung und die von der englischen Regierung geschaffenen irischen Mißstände Ausdruck. Von Swift lernten viele Iren, Witz und Weisheit zu verbinden, wie manche ihr Guinness mit Whiskey vermischen – mit dem gleichen berauschenden Effekt. «Wir haben gerade genügend Religion, um einander zu hassen, aber nicht genug, um einander lieben zu können», hielt er ihnen zum Beispiel vor.

Anglo-irische Dichter und Dramatiker wie Oliver Goldsmith, Richard Brinsley Sheridan, Oscar Wilde oder Bernard Shaw machten die Bühne zur politischen Plattform. Um die Stimmen der Dichter Irlands der Jahrhundertwende zu hören, pilgerten ihre Verehrer wie zu einer großen Messe oder einem Konzert. Einen tiefen Eindruck hinterließen beispielsweise William Butler Yeats, als er in Dublin bei Kerzenlicht seine Übersetzung des «Ödipus» vortrug; oder George Moore, der in seiner Londoner Wohnung über Kunst

---

Häuserzeile in der Hauptstraße von Clifden, dem Hauptort Connemaras im äußersten Westen der Insel.

Vorträge hielt; oder George Russell, bekannt unter dem Pseudonym AE, der in seiner Wohnung in Bloomsbury sich über Religion und das Okkulte verbreitete. James Joyce war der erste, der Dialoge und Denkbilder zu einem unendlichen Bewußtseinsstrom vermischte. Samuel Beckett lebte wie Joyce im selbstgewählten Exil auf dem Kontinent, vornehmlich in Paris, oder in Nordafrika und sagte stellvertretend für viele irische Intellektuelle, für die bis vor einigen Jahrzehnten die Atmosphäre des katholischen Irland zu erdrückend war: «Es ist Selbstmord, im Ausland zu leben, aber wie wäre es erst, in der Heimat zu leben: eine schleichende Auflösung.» Das hat sich geändert. Es ist symptomatisch, daß die junge irische Priester- und Schwesterngeneration, die in den Missionsländern der ganzen Welt eine wichtige Rolle spielt, zur kämpferischen Avantgarde der katholischen Kirche gehört und längst nicht mehr zur konservativen Reaktion.

Das geistige Irland besitzt die Gabe des Wortes und des Witzes; der Sinn für das Komische richtet sich eher auf die großen Themen der menschlichen Existenz: auf Liebe, Leid und Tod. Darunter aber verbirgt sich Seelenschmerz, und darin ist der irische Humor dem deutschen und russischen ähnlicher als dem englischen, der trockener ist. Auf weniger hoher literarischer Ebene gibt es die bekannte Witzfigur des «Bühneniren», jenes tolpatschigen, singenden, wortespinnenden Typs, der sich selbst dramatisiert, um seinem Publikum zu gefallen und es zu unterhalten. Bei den Iren ist er verpönt, sie halten ihn für eine englische Verunglimpfung, was er einst wohl auch war, aber er hat eindeutig irische Eltern.

Zu den Vätern und Meistern des irischen Witzes gehört der Dubliner Altphilologe Sir John Mahaffy, auf den viele brillante Aussprüche zurückgehen. Wie zum Beispiel: «In Irland passiert nie das Unvermeidliche, aber häufig das Unerwartete», was wohl dem österreichischen «die Lage ist hoffnungslos, aber nicht verzweifelt» entspricht. Oder die Definition eines irischen Atheisten: Jemand, der Gott darum bittet, an ihn glauben zu können. Des weiteren: Als Sir John hörte, daß einer seiner Feinde – in Irland hat jeder Feinde – krank war, fragte er bissig: «Nichts Ungefährliches hoffentlich?»

Der typische Paddywitz hat wie die Schottenwitze vom geizigen Mac oder die jüdischen Witze, die antisemitischen Ursprungs sind, aus der empfindsamen iri-

---

Oben: Wettbüro in Kenmare, Grafschaft Kerry.
Mitte: Türgriff in Dublin.
Unten: Laden in der Dubliner O'Connell Street.

schen Perspektive betrachtet, ein starkes rassistisches Element. Zweifellos gehen die Ressentiments auf die Zeit zurück, als Iren, Schotten und jüdische Flüchtlinge nach Pogromen in osteuropäischen Ländern in England auf der Suche nach Arbeit und Unterkunft waren und von den Einheimischen bespöttelt wurden, da diese fürchteten, von ihnen verdrängt zu werden. Paddy, Mac und Schloime galten als dumme, verschlampte Typen. Witz und Satire, die Nadelstiche im Luftballon der menschlichen Aufgeblasenheit, sind die besten, in langen Zeiten der Unterdrückung geschärften, irischen Waffen, wie sie auch die besten Waffen der Juden sind. Aber daneben gab und gibt es auch die schon erwähnten Bühneniren, die Dichter wie John Millington Synge und Sean O'Casey direkt aus der Wirklichkeit auf die Bühne gestellt haben.

Von Home Rule zur Unabhängigkeit

Im späten 19. Jahrhundert nahm der irische Unabhängigkeitskampf revolutionäre und republikanische Formen an und zielte auf eine Bodenreform und die Selbstregierung (Home Rule) ab; die Unabhängigkeitsbewegung fand auch starke, vor allem finanzielle Unterstützung bei den Auswanderern, die nach Amerika gegangen waren. Unter Home Rule verstand man eine sehr begrenzte Form irischer Selbständigkeit, die von Westminster kontrolliert und gesteuert werden sollte. Andere Formen der Koexistenz waren im imperialistischen Zeitalter kaum vorstellbar. Als es während des Ersten Weltkriegs 1916 zum Dubliner Osteraufstand kam und irische Regimenter unter der Fahne Englands in Frankreich und in Flandern kämpften, fanden die Rebellen noch wenig Sympathie beim irischen Volk, aber die blutige Unterdrückung des Aufstands und die Hinrichtung vieler seiner Führer bewirkten einen Meinungsumschwung.

Die Unabhängigkeitspartei «Sinn Fein» gewann Sitze bei Lokalwahlen, weigerte sich aber, im britischen Parlament Sitze einzunehmen und bildete statt dessen 1919 ein eigenes Parlament, das erste «Dáil Eireann». Auch der Partisanenkampf ging weiter. Der britische liberale Premierminister Lloyd George schlug eine Regelung vor, derzufolge die 26 Grafschaften (die heute die Republik bilden) den Status eines britischen Dominiums erhalten sollten. Den sechs Grafschaften Ulsters mit ihrer protestantischen Mehrheit blieb es freigestellt, diesem autonomen Gebiet bei-

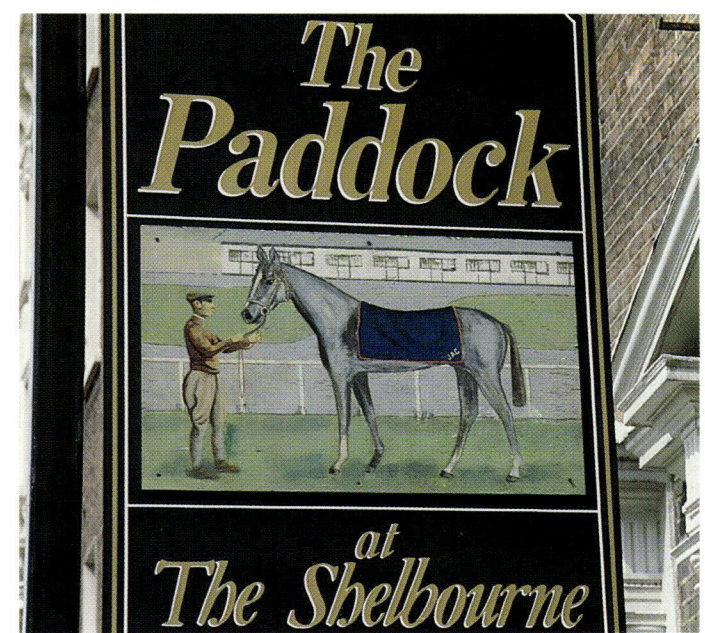

Oben: Wirtshausschild in Dublin.
Mitte: Türgriff in Dublin.
Unten: Laden in der Grafford Street in Dublin.

zutreten. Die Mehrheit des Dubliner Parlaments akzeptierte diese Lösung. Die republikanisch gesinnte Dissidentenminderheit setzte den Kampf für die Unabhängigkeit der ganzen Insel fort. Der irische Bürgerkrieg, der dann ausbrach und sechs Monate dauerte, endete am 6. Dezember 1921 mit der Bildung des irischen «Freistaats». Nachdem Irland 1948 auch aus dem Commonwealth ausgetreten war und den totalen Bruch mit Großbritannien vollzogen hatte, wurde 1949 die Republik Irland gebildet. Eamon de Valera, der frühere Dissidentenführer, wurde der dritte Staatspräsident in der jungen Geschichte der Republik.

Die parteipolitische Ausrichtung der irischen Parteien orientiert sich nicht nach dem üblichen Rechts- und Linksmuster, sondern nach dem historischen Verhältnis und der Einstellung zum Spaltungsvertrag von 1921. Die «Pro»-Fraktion wurde zur heutigen «Fine Gael» (Stamm der Gälen), zur konservativen Wirtschaftspartei, die Gegner bildeten die «Fianna Fáil» (Soldaten des Schicksals)-Partei, die heute regierende und von Charles Haughey geführte republikanisch-nationalistische Bauernpartei.

Nordirland

Die sechs Ulster-Grafschaften machten 1921 von dem ihnen zugestandenen Recht auf eine eigene Entscheidung Gebrauch und optierten für das Verbleiben im britischen Herrschaftsbereich mit einer Teilautonomie für das Belfaster Parlament (Stormont). London war froh, das irische Problem scheinbar los zu sein und ließ die von der protestantischen Mehrheit gewählte Unionistische Partei fast 50 Jahre lang wie in einem Einparteienstaat mit Hilfe einer brutalen Sonderpolizei regieren. Die katholische Minderheit (31,4 Prozent) war den Protestanten hilflos ausgeliefert. Die Verstöße gegen die Menschenrechte, die Diskriminierung der Minderheit beim Wahlrecht, in der Wohnungspolitik und auf dem Arbeitsmarkt konnten in Westminster erst zur Sprache kommen, als es nach drei Jahren bürgerkriegsähnlicher Zustände zur Absetzung des Stormont-Regimes und der Übernahme der Exekutive durch die Londoner Regierung kam (1972).

Die Radikalisierung des Konflikts ging unter anderem auch auf die im Zuge der kontinentaleuropäischen Studentenbewegung mit entstandene Bürgerrechtsbewegung zurück, die bald von der «Irischen Republikanischen Armee» (IRA) unterwandert wurde und immer mehr Terror verbreitete. Als London 1969 Truppen nach Nordirland entsandte, um die beiden bitter verfeindeten Konfessionsgruppen voreinander zu schützen, wurden diese Truppen von der katholischen Minderheit noch wie Befreier begrüßt. Ein Meilenstein in den «Troubles», wie die Unruhen in Nordirland genannt werden, war das 1985 unterzeichnete anglo-irische Abkommen. London und Dublin kamen überein, daß es keine Veränderung des britischen Status von Nordirland geben werde, solange eine Mehrheit der Bevölkerung an diesem festzuhalten wünschte. Es gibt zur Zeit in Ulster keine Mehrheit für eine «Wiedervereinigung»; falls es diese aber in der Zukunft geben sollte, werden beide Regierungen alle notwendigen Schritte zur Wiedervereinigung einleiten. Damit ist der Zusammenschluß beider Teile zwar erst einmal auf eine ferne Zukunft vertagt, Dublin hat aber ein «Mitspracherecht» bei allen Fragen, die die katholische Minderheit im Norden betreffen. Dieses Abkommen wird von den nordirischen Mehrheitsvertretern stark bekämpft.

Die Kosten des von vielleicht nur ein bis zweihundert Aktivisten betriebenen Terrorismus sind enorm: fast 3000 Tote, über 32 000 Verletzte in 20 Jahren und eine hohe Arbeitslosigkeit. Nordirland kostet dem britischen Staat jährlich eineinhalb Milliarden Pfund. Der Kampf ist sozial, politisch-ethnisch und historisch bedingt, wobei die Konfessionszugehörigkeit nur mehr ein äußeres, auf die Religionskriege der Reformation zurückgehendes Kennzeichen ist. Aber im politisch-sozialen Bereich und in Fragen der Autorität, religiösen Toleranz, Ehescheidung oder Abtreibung reißt diese konfessionelle Bindung tiefe Gräben auf. Dem einzigen Ziel der derzeitigen britischen Präsenz in Ulster, nämlich beiden Gruppen das Zusammenleben zu ermöglichen, ist man noch keinen Schritt nähergekommen. Gelänge den Briten dies, wäre das eventuell ein Vorbild für andere Krisenherde in der Welt, die als ähnlich unlösbar angesehen werden können. – London würde auf das undankbare Erbe der Vergangenheit lieber heute als morgen verzichten.

Die landschaftlichen Schönheiten Nordirlands stehen denen der Republik in nichts nach: friedliche Seen, sanfte Hügel, alte Burgen und verträumte Dörfer. Die Insel bietet dem Urlauber im Norden wie im Süden, im Westen wie im Osten, an der Küste oder in den Bergen unvergeßliche Ferienerlebnisse abseits der politischen Auseinandersetzungen. Die bezwingende Gastfreundschaft der Menschen wurde schon in vergangenen Jahrhunderten gerühmt und wird heute noch jedem Gast Irlands, der bald zum Freund wird, entgegengebracht. Wer einmal auf der grünen Insel war, der wird wiederkommen.

Naive Wandbemalung in Kinvara, einem kleinen Dorf in der westlichen Grafschaft Galway.

«Fáilte!» – Willkommen auf der grünen Insel
Eine literarische Anthologie

> Aber nie fühlte ich mich in einem Lande
> gleich in den ersten drei, vier Tagen so zu Hause,
> wie in Irland.
>
> JACOB VENEDEY

Irische Gastfreundschaft

Während der Woche, die ich in dem Imperial Hotel wohnte, hatte ich gar manche Gelegenheit, das gastfreie, freundliche, trauliche, herzliche Wesen der Irländer kennen und schätzen zu lernen. Sie sind ein gutes Volk. Es gibt allerlei Arten von Gastfreundschaft; die eine ruiniert Euern Magen, die andere Eure Börse, die dritte Euern Verstand. Die des Irländers kommt von Herzen und geht zum Herzen. Er teilt mit Euch, was er hat, oft mehr; und vor allem ist ein offenes, freundliches, herzliches Wort und Wesen die beständige, nie fehlende Zugabe. Ich habe das Glück, in vielen Ländern Freunde gefunden zu haben, treue Stützen, die mir in Not und Mißgeschick zur Seite standen. Aber nie fühlte ich mich in einem Lande gleich in den ersten drei, vier Tagen so zu Hause, wie in Irland. In Frankreich dauerte es wenigstens Monate, ehe ich mich mit dem Fremden aussöhnte. In London war ich ein halbes Jahr, und ich ahne nicht, daß es je möglich sein wird, mich dort einheimisch zu fühlen; in Irland reichten ein paar Tage hin, mir das Gefühl des Fremdseins zu nehmen. Ich denke, das kalte England tut dem warmherzigen Irlande wohl und ist die beste Folie der irländischen Art. Als Irländer würde ich gegen jede direkte Verbindung mit dem Kontinent sein; England und London sind wie dazu gemacht, den Ausländer in die rechte Stimmung zu setzen, um jede Tugend Irlands in ihrem vollsten Umfange zu würdigen.

Die erste Frage, die ein Engländer einem Fremden, der ihm empfohlen wird, stellt, ist: «Was kann ich für Sie tun?» Es würde schwer sein, etwas Ungastfreundlicheres zu erfinden, als diese Phrase. Wer ein Herz im Leibe hat, für den ist die Antwort auf diese Frage überflüssig, denn er weiß, was er für den Fremden tun kann, ohne ihn erst durch diese Frage gleichsam zum Betteln zu zwingen. Ich höre sie nie anderswo als in England. Meine Empfehlungsschreiben in London sind ein artiges Kapitel meiner dortigen Erlebnisse; es waren ihrer fünfzig oder sechzig, und ich machte zwei oder drei Bekanntschaften durch sie. Ich habe in Irland nirgends angeklopft, wo man mir nicht aufgemacht hätte. Ja, man öffnete die Tür des Familienzimmers oft genug so weit als möglich, selbst da, wo ich unberufen, unempfohlen, unbekannt und namenlos durch Zufall hingedrängt wurde.

Ich hatte Hrn. Mc. C. in London kennengelernt, indem uns ein zweisitziges Freibillet des Morning-Chronicle für die italienische Oper auf ein paar Stunden zusammenbrachte. Das genügte, um mich bei den Seinigen einzuführen. Und, wie gesagt, am ersten Tage fühlte ich mich wie zu Hause. Jedes Wort kam dem Fremden entgegen, half ihm das Fremde ablegen. Ich weiß nicht, wie sie's machen, aber die Kunst muß nicht schwer sein, denn man merkt gar nicht, wie sie arbeitet. Offene Herzen, gute Naturen – da findet sich der Rest von selbst.

JACOB VENEDEY, 1844

Mein alter Wirt

Mein Wirt gefällt mir sehr wohl. Er ist zweiundsiebzig Jahre alt und noch rüstig wie fünfzig, muß einst ein sehr schönes Äußeres gehabt haben, und seine Männlichkeit bewiesen zwölf Söhne und sieben Töchter, alle von derselben Frau, die ebenfalls noch lebt, jetzt aber unwohl ist, weshalb ich sie noch nicht sah. Einige der Söhne und Töchter sind nun auch längst verheiratet, und der Alte sieht zwölfjährige Enkel mit seiner jüngsten vierzehnjährigen Tochter spielen. Ein großer Teil seiner Familie ist jetzt hier, was den Aufenthalt ziemlich geräuschvoll macht. Dies wird noch durch das musikalische Talent der Tochter vermehrt, die sich täg-

---

Auch in Irland, hier ein Giftshop in Connemara, floriert das Andenkengeschäft.

«Kinder und Tiere frei, Erwachsene fünfzig Pennies» – Eselreiten in Ballyvaughan.

lich auf einem schrecklich verstimmten Instrumente hören lasse, ohne daß dieser Umstand sie im geringsten stört. Die Männer sprechen in der Regel nur von Jagd und Reiten und sind etwas unwissend. Ein Landjunker aus der Nachbarschaft zum Beispiel suchte heute lange unverdrossen, wiewohl vergeblich, die Vereinigten Staaten auf der Karte von Europa, bis ihm endlich sein Schwager den glücklichen Gedanken eingab, sein Heil auf der großen Weltkarte zu probieren. Die amerikanischen Freistaaten wurden deshalb gesucht, weil der alte Herr mir zeigen wollte, wo er den Grundstein zu Halifax und B…town, welche letztere nach seinem Namen benannt ist, im amerikanischen Kriege gelegt. Er kommandierte damals siebenhundert Mann und erinnert sich gern an diese Zeit seiner Jugend und Wichtigkeit. Die skrupulöse und ritterliche Höflichkeit seines Benehmens, die stets bereitwillige Aufopferung seiner Bequemlichkeit für andere zeigt ebenfalls die Erziehung einer längst vergangenen Zeit an und bekundet eigentlich sein Alter sicher noch als sein Aussehn.

Unsere Vergnügungen für die nächsten Tage sind nun folgendermaßen arrangiert. Morgen gehen wir in die Kirche, übermorgen nach der Stadt Galway, um ein Pferderennen zu besehen, wo die armen Tiere nicht nur eine deutsche Meile laufen, sondern während diesem Rennen auch noch verschiedene Mauern überspringen müssen. Sie werden von Gentlemen geritten. Den Abend darauf ist Ball, wo man mir den Anblick aller Schönheiten der Umgegend verspricht. Aufrichtig gesagt, so gerührt ich von der mir bewiesenen Güte bin, so wird mir doch bei der Aussicht auf einen sehr langen Aufenthalt im Hause etwas bange; ich würde aber die herzlichen Menschen tief bekümmern, wenn ich mir davon etwas merken ließe. Je m'exécute donc de bonne grâce.
HERMANN VON PÜCKLER-MUSKAU, 1830

Malerisches Dublin Um fünf Uhr ungefähr verließ ich mein Hotel am Eden Quay und wanderte dem Anna Liffey entgegen, der Dublin in zwei Hälften teilt und innerhalb der Stadt von acht schönen und geschmackvollen Brücken überwölbt ist. Dieser Fluß ist es vorzugsweise, der Dublin das Malerische gibt, das es hat. Rechts und links laufen bequeme breite Kais hin, die vom Flusse

Sonntäglicher Plausch der Honoratioren auf der Main Street im Burren-Ort Ballyvaughan.

durch eine niedere Mauer, auf der anderen Seite durch ununterbrochene Häuserreihen begrenzt sind. Auf den Kais hat Dublin Ähnlichkeit mit Paris. Sind die Gebäude auch meist unbedeutend, so bilden sie doch eine schöne Perspektive, die im Osten durch den Hafen und seine Maste, im Westen durch den Park mit seinen Hügeln und seiner gewaltigen Wellington-Pyramide künstlerisch abgeschlossen ist. Einzelne Gebäude stechen durch ihre Massenhaftigkeit oder durch besondere Bauart hervor und gewähren dem Auge die in einer tiefen Perspektive notwendige Abwechslung; so zum Beispiel die großen Magazine am Hafen, das Custom House, ferner der ganz eigentümliche Bau des Four Courts. Es wäre dieses ein ganz geschmackvoller italienischer Palast, wenn er nicht durch einen ganz barocken Überbau entstellt wäre, der mit unzähligen Säulen und einer ungeheuren greulichen Metallkuppel sich plötzlich aus ihm erhebt wie ein zweites Haus, von dem man nicht begreift, wie es da hinaufgekommen; so unabhängig, so vollkommen als ein Ganzes stellt es sich dar.

Am Ellis Quay vorbei bog ich rechts in die Gasse und um die ungeheuren königlichen Kasernen und stand auf heiligem Boden. Dort liegt Arbour Hill, der Exekutionsplatz, auf welchem die meisten Braven der United Irishmen Revolution hingerichtet wurden. Jetzt stehen einzelne Häuser da; doch ist es hier öde und schaurig. MORITZ HARTMANN, 1851

Eine Anekdote Ich bin gestört worden durch einen Mann, der mir von einem Antiquar ein Paket alter Bücher und Broschüren über die Revolution der United Irishmen und über die Insurrektion von 1803 brachte. Als ich ihn für seine Mühe bezahlte, bemerkte ich, daß er mit zu der großen Schar derjenigen gehörte, von denen man nicht sagen kann, daß ihnen das Hemde näher ist als der Rock. Ich legte ihm eines an, ohne von ihm dafür den Stoff zu einer Dichtung zu verlangen. Überrascht wog er es lange in seiner Hand, sah bald mich, bald das Geschenk an und fragte endlich, was er damit sollte. Ich setzte ihm in schöner Rede den Vorteil eines solchen Besitztums auseinander, machte aber offenbar nur geringen Eindruck damit. – «Ich bin's nicht gewöhnt», sagte er endlich mit Achselzucken. Und auf die Frage, ob er denn nie ein Hemde getragen, antwor-

tete er: «O ja, einigemal, aber das ist schon lange her.» – Nach einigen Minuten fragte er wieder: «Also das Hemd gehört jetzt mir?» – «Jawohl!» – «Nun, da es mein ist, kann ich damit machen, was ich will; ich verkaufe es Ihnen.» Und so sprechend, bot er mir es an mit dem liebenswürdigsten Lächeln und der graziösesten Bewegung von der Welt. «Nehmen Sie es», fügte er hinzu, «ich lasse es Ihnen sehr billig; für drei Pence gehört es Ihnen.» Ich gab ihm die drei Pence und ließ ihn mit dem Hemde gehen.
MORITZ HARTMANN, 1851

Landschaft, wild und schön

Hinter Dundalk wird die Gegend gebirgig und wunderbar wild und schön. Das Land ist ziemlich gut angebaut, aber es muß unendliche Mühe gekostet haben, denn überall liegen Steinhaufen, um jedes Grundstück sind Steinmauern aufgesammelt. Diese selbst zwischen den grünen Feldern geben dem Ganzen einen eigenen Charakter, der dann durch den der Berge noch an Wildheit gewinnt. Die Berge sind fast ohne Bäume, ganz nackt und daher scharf, zackig, grell abstechend. In diesen nackten Bergen sieht man dann von Zeit zu Zeit eine scharfe Linie, die man auf den ersten Anblick für einen Fußpfad nehmen könnte, der sich aber bald als eine Mauer bewährt, die als solche die Berge in Mein und Dein teilt. Überall gibt es freie Wege zu jeder Bergspitze, in Irland aber ist fast nie ein Berg ohne seinen Herrn und Meister, der ihn dann in der Regel unter Schloß und Riegel legt. Es ist mir mehr als einmal vorgekommen, daß ich wie ein Unglücklicher nach einer Aussicht lechzte und nur das Recht hatte, mit der Mauer um den Berg zu gehen.

Als eine jener Mauern in dem nackten Berge diese Bemerkungen in mir erneuerte, wurde dieselbe nur um so lebendiger in mir durch eine weitere Beobachtung bestätigt. Wir bogen um eine Bergecke, und die ganze Landschaft bekundete, daß wir uns einem Bergstrome näherten. Ich freute mich im voraus der schönen Aussichten, der kecken Bildchen, die er bieten werde. Aber ich hatte meine Rechnung ohne den Wirt gemacht, und der Wirt hieß Lord Fortescue, und er hatte den Bergstrom in eine Mauer eingeschlossen, und hinter diese Mauer dicke, irländisch belaubte Bäume als Wächter gestellt, so daß ich nur dann und wann zwischen den Armen dieser neidischen Söldner durch ahnen konnte, wie schön es jenseits sein mochte. Die Mauer und die Bäume reichten gerade so weit, bis die Gegend wieder weniger schön wurde.

Der Charakter des Landes wurde nach und nach ein anderer. Hinter Dundalk beginnt allmählich das protestantische Irland. Die Bauernhäuser werden besser. Sie waren noch vor ein paar Stunden einfäachige Lehmställe mit Strohdächern. Jetzt sind es meist kleine niedliche steinerne Häuschen mit Fenstern, und Fenster mit Gardinen. – Auch die Menschen werden anders. Ich sah bis jetzt nur selten einen Bauer, der nicht so schmutzig als elend war. Hier begegneten wir mehreren Dirnen auf der Straße, mit bloßen, aber reinen Füßen, mit unzerrissenen und weißstrahlenden Kleidern. Der Abstand ist höchst auffallend.

Hier und dort sieht man noch eine Zeitlang die besseren Bauernhütten mit den irländischen Cottages abwechseln. Das Land ist arm. Meist Torf- und Moorgrund und spärliche, diesem abgerungene Felder. Dieser Moorboden gibt der Gegend einen ganz dunklen Ton. Grün ist nicht mehr die Grundfarbe, sondern schwarz. Und wunderbar, auch die Tiere nehmen diese Farbe mehr und mehr an. Ich sah eine Menge schwarzer Kühe, schwarzer Schafe und grauer Gänse. Bis jetzt hatte ich stets allerlei Zweifel über das Strategem des ehrbaren Altvaters Jakob, der es so klug einzurichten wußte, daß die Herde bunt wurde. Hier erschien mir die Sache als natürlich. JACOB VENEDEY, 1844

Die Sage vom Elfenkönig O'Donoghue

Vor langer Zeit beherrschte das ganze Land der Grafschaft Kerry ein wunderschöner junger und guter König. Sein Name war O'Donoghue. Die größten Baumeister und Zauberer der Welt hatten ihm auf hohen Bergen ein Schloß erbaut, das nicht seinesgleichen hatte. Die Wände waren aus purem Golde, die Türen und Tore aus Kristall, das Dach aus festem Morgenrot. In seinem Garten wurde es niemals Winter, und Bäume aus Indien und Arabien blühten da und Blumen, die niemals verwelkten.

So lebte König O'Donoghue sehr glücklich. Aber eines Tages kam ihm die Laune, den großen Stein, welcher den See in seinem Garten schloß, wegzuheben, um seinen Rittern und Edelfrauen seine große Kraft zu zeigen. Aber kaum hatte er den Stein weggehoben, als sich der See auf das Land stürzte und den größten Teil der Grafschaft Kerry überschwemmte und viele hunderttausend Menschen vergrub und die schönen Fluren, die sich sonst dort ausbreiteten, bedeckte; denn der See im Garten des Königs war ein verzauberter See und grundlos. So entstanden die Seen von Killarney, das Wunder der Welt, der «Stolz Irlands».

Die Insel der Hirsche, die Insel der Eichen, die sich aus ihrem Schoße erheben und aussehen wie volle

---

Bei Belmullet, Mayo. Die Landschaft «lächelt unter Wolken von Schwermut» (A. E. Johann).

Angler auf einem See im Connemara National Park in der Nähe der kleinen Ortschaft Letterfrack.

Blumenkörbe, zeigen noch heute, wie schön das Land gewesen sein muß, das von den Wellen des verzauberten Sees bedeckt wurde.

König O'Donoghue, der Gute, konnte sich über seinen Leichtsinn nicht beruhigen, verzweifelte und warf sich in die Fluten.

Aber die Elfen, die im See von Killarney wohnen, fingen ihn in ihren Armen auf und suchten ihn zu trösten.

Der junge gute wunderschöne König gefiel ihnen so sehr, daß sie ihn gerne zum Elfenkönig gemacht hätten. Aber das durften sie nicht, solange er ihnen nicht beweisen konnte, daß ihm die Menschen vergeben hatten, und dieses konnte er nur durch die Liebe eines schönen unschuldigen Mädchens beweisen.

Jeden Maimorgen stieg nun König O'Donoghue herauf und umritt die schönen Ufer des Killarneysees und suchte ein Mädchen, das schön und unschuldig wäre und ihn liebte. Er fand keines und kehrte auf seinem weißen Rosse traurig in den See zurück.
MORITZ HARTMANN, 1851

Der Giant's Causeway und die Volkssage

Der Riese, welcher diesen Säulendamm gemacht haben soll, ist bekanntlich Fin-Mac-Cul oder Fingal, der irisch-schottische Hercules. Und da auch auf der gegenüber liegenden Küste Schottlands an einem Punkte solche Basaltpfeile sichtbar sind, von denen schon in uralten Zeiten den Einwohnern von Irland Kunde zukam, so fabelten sie, daß Fingal diesen Weg von hier bis nach Schottland hinüber gepflastert habe, und daß in späteren Zeiten der größte Teil seines Werkes ins Meer hinabgesunken sei und nun davon bedeckt werde.

Es liegt wenigstens der tiefe Sinn in dieser Fabel, daß wahrscheinlich sowohl die Basaltwerke in Schottland als auch die in Irland einem und demselben Naturereignis ihre Bildung verdanken und so in einem nahen Zusammenhange stehen. Selbst die Basalthöhle auf der Insel Staffa gehört wahrscheinlich noch mit in den Zusammenhang dieser Ereignisse, wie die Einwohner das auch dadurch angedeutet haben, daß sie diese Staffa-Basalte demselben Fingal zuschreiben und die Höhle, welche sie bilden, Fingalshöhle nennen. Es ist ja auch gar nicht unmöglich, zu denken, daß der diese drei Punkte verbindende Basalt sich unter

dem Meere fortziehe und daß so der Meeresgrund wirklich mit Säulen gepflastert sei, wie die Leute sagen.

Dies alles ist schön und großartig an der Volksfabel. Aber weiterhin hat sie gespielt, indem sie auf dem Riesendamm dem Riesen in den verschiedenen Säulenkompositionen eine ganze Haushaltung zusammengesucht hat. Da ist des Riesen Weberstuhl (Giant's loom), des Riesen Stuhl (Giant's chair), des Riesen Theater (Giant's theatre), des Riesen Torweg (Giant's gateway), des Riesen Brunnen (Giant's well), des Riesen Orgel (Giant's organs) und des Riesen Honigscheibe (Giant's honeycomb) aufgefunden worden. So weit hergeholt zuweilen die Ähnlichkeit mit den genannten Dingen sein mag, so hat doch jede Abteilung wenigstens ihren Namen und kann daher leicht bezeichnet werden.

Des Riesen Brunnen ist eine kleine Quelle, die zwischen den Spalten einiger Pfeiler auf der westlichen Seite des Dammes hervorkommt und auf dem Abhange desselben ins Meer hinab läuft. Die Honigscheibe und die Orgel sind von den anderen Riesengerätschaften die bemerkenswertesten. Die Orgel bildet nicht einen Teil des Causeway selbst, sondern sie sitzt seitwärts im Berge und besteht aus einer Menge von großen Pfeilern, die nach beiden Seiten hin sich, wie die Saiten einer Harfe, verkleinern, und ist von der ande-

Frei weidende Schafe in einer Bucht an der Westküste bei Belmullet nördlich von Achill Island.

ren Kolonnade völlig geschieden, so daß die Idee, sich einen Riesenorganisten davor sitzend und spielend zu denken, sehr natürlich ist, und zwar um so natürlicher, da die Basalte wirklich, wenn sie angeschlagen werden, einen metallischen Klang von sich geben. Könnten wir nur ein gehörig starkes Instrument zum Anschlagen jener Riesensaiten finden, so könnten wir ohne Zweifel auf ihnen wie auf einem Hackbrett spielen. Die Honigscheibe ist ein Haufen von hervorragenden Pfeilern, die in der Mitte des Säulendammes stehen. Nicht weit davon sieht man den Riesenwebstuhl, der die höchsten Pfeiler, welche zutage hervortreten, hat, nämlich einen von 33 Fuß Höhe.

Man nennt diese mittlere Partie des Ganzen auch wohl den mittleren Riesendamm, indem man dann ihm zur Rechten noch einen großen und zur Linken ei-

Seite 32/33: «Der Himmel schüttet ein Licht aus Einsamkeit über das Land» (Alfred Andersch). In den Bergen bei Letterfrack, Connemara.

nen kleinen Riesendamm unterscheidet. Das äußerste Ende des großen Dammes schreitet bei ruhigem Wasser 700 Fuß in die See vor und wird in dieser Entfernung von der schroffen Küste alsdann vom Meere bedeckt. Bei der stürmischen und wogenden See, welche wir hatten, wurden die Wellen sehr hoch hinaufgetrieben, und wir konnten daher die ganze Länge des Dammes nur in den Momenten übersehen, wo sich die Wellen zurückzogen. Daher kam es auch, glaube ich, daß wir die Zerteilung des ganzen Dammes in drei bestimmt unterschiedliche Dämme nicht recht erkennen konnten.

Ein anderer, wirklich noch jetzt existierender Riese hat sich zu allen den genannten Riesendingen noch eines, eine Art von Kabinett oder Salon mit Bänken arrangieren lassen. Ich meine nämlich den Lord Antrim, den man als jetzigen Herrn und Gebieter dieses riesigen Naturwerks und, wie wir schon oben sagten, noch mehrerer anderer Naturwunder dazu, allerdings wohl einen Riesen nennen darf. [...]

Die armen Leute hier herum sprechen auch von Mylord immer so, wie etwa von Fingal ihre Vorältern sprachen. Mylord hat auf dem westlichen Teile des Dammes Steinblöcke wegbrechen lassen und dadurch eine, nach der einen Seite hin, nach dem Meere zu, offene, auf drei Seiten aber geschützte Vertiefung hervorgebracht, wobei einige Reihen von Säulen in dieser Vertiefung so weggebrochen sind, daß ihre stehen gebliebenen Stumpfe rund herum einen Diwan abgeben. Die Leute nennen dies «Mylord's Parlour» (Mylord's Empfangszimmer). [...]

Das größte Fest aber, welches jährlich sich auf dem Giant's Causeway wiederholt und hier die größte Bevölkerung und die lustigsten Szenen zusammenführt, ist ein Markt, der hier alle Jahre am 13. August abgehalten wird. Die Zelte werden auf dem ganzen Wege vom Wirtshause bis zur Küste hinab gebaut und schieben sich auch noch, wenn die See ruhig ist, auf die Säulenköpfe des Causeway selber hinauf. Es mag einen interessanten Anblick gewähren, zwischen allen diesen schwarzen Riesenwerken der Natur den bunten Kram eines irischen Nationalfestes und Marktes zu beobachten. JOHANN GEORG KOHL, 1843

Alte Residenz Tara Dies Tara, dessen kein Irländer zu erwähnen unterlassen kann und dessen Name noch in diesem Augenblick täglich hundert- und tausendfach in den Gesprächen und in den Gedichten der Irländer wiedertönt, war bekanntlich ein kleiner Ort, wenige deutsche Meilen von Drogheda, 1 1/2 deutsche Meile von jenem Hügel New-Grange in der Grafschaft Meath. Es war der Ort gewissermaßen eine Art Residenz- oder Hauptstadt für Irland und stellte ungefähr das vor, was die Abtei Seone in Schottland vorstellte.

Es stand hier eine Halle oder ein Palast, in welchem die heidnisch-irischen Könige und Häuptlinge zusammenkamen, wahrscheinlich zu sehr verschiedenen Zeiten und Gelegenheiten, dann aber auch regelmäßig alle drei Jahre zu Beratungen für das allgemeine Beste.

Ollam Fodhla soll 200 Jahre vor Christus diese dreijährige National-Zusammenkunft instituiert haben. Es erschienen dabei auch die Barden, und es wurden daselbst von ihnen nicht nur die gegebenen Gesetze, sondern auch die bedeutenden Ereignisse im Lande in ein großes Nationalregister eingetragen. Dasselbe hieß der Psalter von Tara. Außerdem sangen dort bei festlichen Gelegenheiten, bei den Gelagen und Mahlzeiten die Barden die Geschichte des Landes und die Taten der Könige. Selbst die Gesetze des Landes wurden in Versen und mit Musik vorgetragen. Der Name Tara ist jetzt der allgemein genannte und angenommene. Sonst heißt der Ort eigentlich im alten Irischen: Teamar oder, wie mir meine Freunde sagten, Taimara, d. h. soviel als: «das große Haus».
JOHANN GEORG KOHL, 1843

Die Not der kleinen Pächter Wenn in England das System der großen Bewirtschaftung und in Wales das der kleineren Pachtung in seinen Resultaten uns vorgeführt wird, so haben wir in Irland die Folgen der Parzellierung des Bodens vor Augen. Die große Masse der Bevölkerung von Irland besteht aus kleinen Pächtern, welche eine erbärmliche Lehmhütte ohne innere Abteilung und ein Kartoffelstück gepachtet haben, das gerade groß genug ist, um ihnen für den Winter die notdürftigste Nahrung zu verschaffen. Bei der großen Konkurrenz, die zwischen diesen kleinen Pächtern herrscht, ist der Grundzins auf eine unerhörte Höhe, auf das Doppelte, Drei- und Vierfache des englischen gestiegen. Denn jeder Ackerbautaglöhner sucht Pächter zu werden, und obwohl die Teilung der Ländereien schon so hoch gestiegen ist, so bleiben dennoch eine große Menge sich um Pachtungen bewerbender Taglöhner übrig. Obgleich in Großbritannien 32 Millionen englische Morgen und in Irland nur 14 Millionen Morgen bebaut sind, obgleich Großbritannien jährlich für 150 Millionen Pfund Sterling und Irland nur für 36 Mil-

---

«The Green House» in Sneem in der Grafschaft Kerry – Pub, Restaurant und Bed and Breakfast in einem.

Seite 36/37: Regenwolken über der Main Street von Ballaghaderreen in der Grafschaft Mayo.

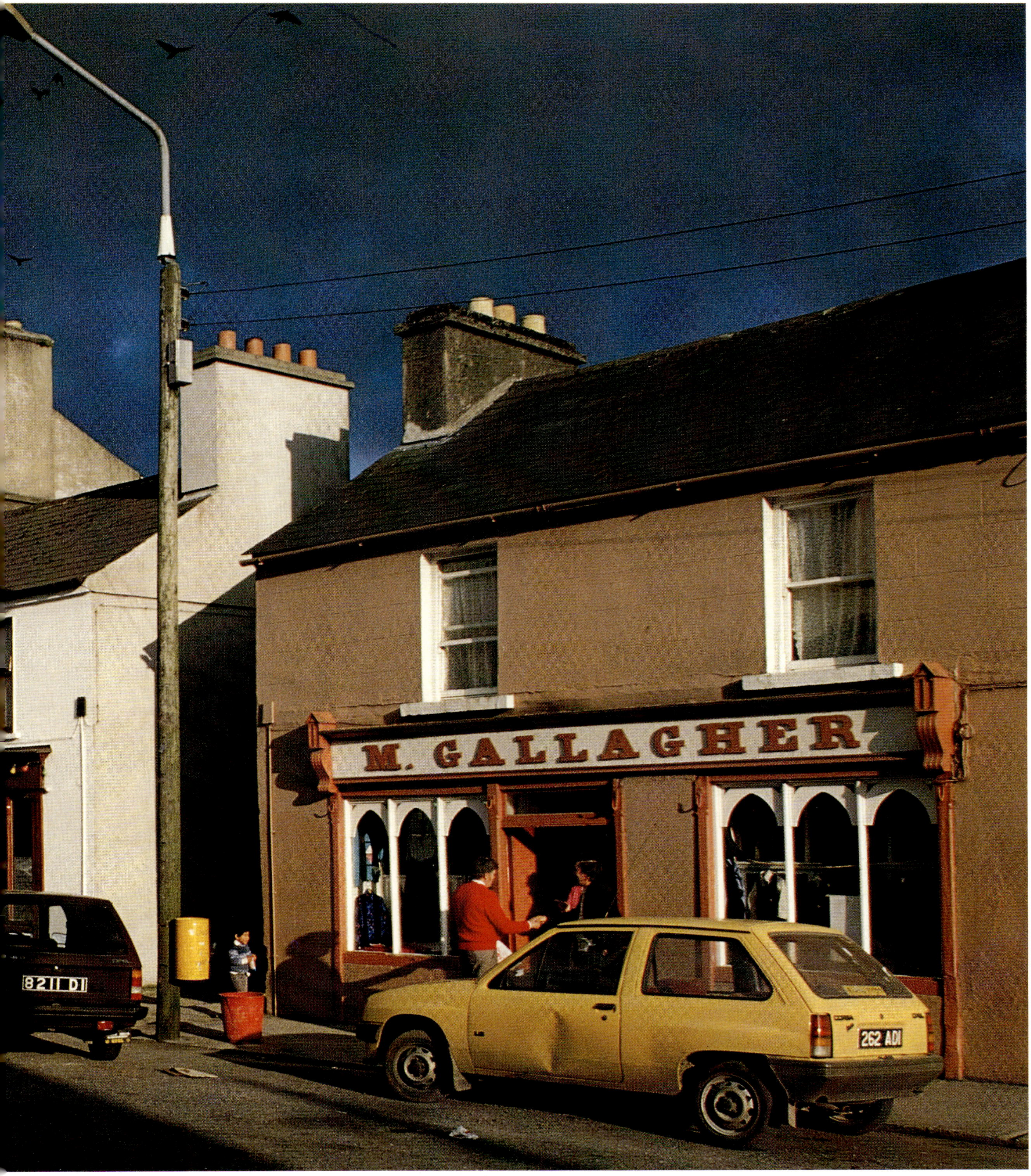
M. GALLAGHER
8211 DI
262 ADI

Abseits gelegener Pub in der Nähe der Bantry Bay an der Südostküste der Insel.

lionen Pfund Sterling Ackerbauprodukte erzeugt, so sind in Irland doch 75 000 Ackerbautaglöhner mehr als in der Nachbarinsel. Wie groß die Konkurrenz um den Boden also in Irland sein muß, geht aus diesem außerordentlichen Mißverhältnis hervor, besonders wenn man bedenkt, daß schon die britischen Taglöhner in der äußersten Not leben. Die Folge dieser Konkurrenz ist natürlich ein so hoher Grundzins, daß es den Pächtern nicht möglich wird, viel besser zu leben als die Taglöhner. Auf diese Weise wird das irische Volk in einer erdrückenden Armut gehalten, aus der es sich bei den jetzigen sozialen Verhältnissen nicht herausreißen kann. Die Leute leben in den elendesten Lehmhütten, die kaum zu Viehställen geeignet sind, haben den Winter über knappe Nahrung – oder wie der zitierte Bericht es ausdrückt, sie haben 30 Wochen im Jahr Kartoffeln genug, um sich halbsatt zu essen, und für die übrigen 22 Wochen gar nichts. Kommt dann im Frühjahr die Zeit, wo der Vorrat zu Ende geht oder wegen der auswachsenden Keime ungenießbar wird, so geht die Frau mit ihren Kindern betteln und durchstreicht, den Teekessel in der Hand, die ganze Gegend, während der Mann nach bestellter Aussaat entweder im Lande selbst oder in England Arbeit sucht und zur Kartoffelernte sich wieder bei seiner Familie einfindet. In diesem Zustande leben neun Zehntel des irischen Landvolks. Sie sind arm wie Kirchenmäuse, tragen die elendesten Lumpen und stehen auf der tiefsten Bildungsstufe, die in einem halbzivilisierten Lande möglich ist. Nach dem zitierten Bericht leben unter einer Bevölkerung von 8 1/2 Millionen 585 000 Familienhäupter in totaler Armut (destitution), und nach andern, von Sheriff Alison angeführten, Quellen sind in Irland 2 300 000 Menschen, die ohne öffentliche oder Privatunterstützung nicht leben können.
FRIEDRICH ENGELS, 1845

Irlands Not und ein «bescheidener» Vorschlag ... ... wie man die Kinder der Armen hindern kann, ihren Eltern oder dem Lande zur Last zu fallen, und wie sie vielmehr eine Wohltat für die Öffentlichkeit werden können.

Es ist ein melancholischer Anblick für alle, die in dieser großen Stadt umhergehn oder im Lande reisen, wenn sie die Gassen, Straßen und Türen der Hütten

Das Restaurant «Amethyst» auf Achill Island – am äußersten westlichen Rand Europas.

voller Bettlerinnen sehn, hinter denen sich drei, vier oder sechs Kinder drängen, die, alle in Lumpen, jeden Vorübergehenden um ein Almosen belästigen. Diese Mütter sind, statt für ihren ehrlichen Lebensunterhalt sorgen zu können, gezwungen, ihre ganze Zeit auf Streifzüge zu verwenden, weil sie für ihre hilflosen Kinder Brot erbetteln müssen; die aber werden, wenn sie emporwachsen, entweder aus Mangel an Arbeit zu Dieben, oder sie verlassen ihre teure Heimat, um in Spanien für den Prätendenten zu kämpfen oder schließlich verkaufen sie sich selbst auf die Barbados.

Ich denke, alle Parteien sind sich darüber einig, daß diese übertriebene Kinderzahl in den Armen oder auf dem Rücken oder an den Fersen ihrer Mütter, und oft genug ihrer Väter, bei dem gegenwärtigen, beklagenswerten Zustand des Königreichs nur eine Plage mehr ist.

Einige Leute von mutloser Charakteranlage sind in großer Sorge um jene ungeheure Anzahl Armer, die bejahrt, krank oder verkrüppelt sind; und man hat mir oft den Wunsch ausgesprochen, ich möge mein Denken darauf richten, welchen Weg man einschlagen müsse, um das Land von einer so schweren Last zu befreien; aber das macht mir nicht die geringste Mühe, da es nur zu bekannt ist, daß sie tagtäglich, so schnell man es vernünftigerweise nur erwarten kann, vor Kälte, Hunger, Schmutz und Ungeziefer sterben und verfaulen. Und auch die jüngeren Arbeitsleute sind mittlerweile in fast der gleichen hoffnungsvollen Lage. Sie können keine Arbeit finden, und also siechen sie vor Nahrungsmangel dahin, und zwar in einem Grade, daß sie, wenn sie gelegentlich zu gewöhnlicher Arbeit gedungen werden, keine Kraft mehr haben, sie zu verrichten; so wird das Land, und so werden sie selbst glücklicherweise vor kommenden Übeln bewahrt.
JONATHAN SWIFT, 1729

Irland – Insel der Heiligen und Weisen

Nationen haben ein Ich, ganz wie Individuen auch. Der Fall eines Volkes, das sich selbst mit Eigenschaften und Ruhmesblättern auszustatten liebt, die anderen Völkern fremd sind, ist nicht gerade neu in der Geschichte, seit der Zeit unserer Vorfahren, die sich selbst als Arier und Edelmänner bezeichneten, oder der Griechen, die alle außerhalb des sakrosankten

Landes Hellas Lebenden als Barbaren bezeichneten. Mit wohl nicht ganz so leicht erklärlichem Stolz sprechen die Iren von ihrem Land gern als der Insel der Heiligen und Weisen.

Dieser erhabene Titel wurde nicht erst gestern oder vorgestern geprägt. Er geht in früheste Zeiten zurück, als die Insel ein echter Brennpunkt der Frömmigkeit und des Geistes war, dessen Kultur und belebende Kraft auf den gesamten Kontinent ausstrahlten. Man könnte mühelos eine ganze Liste von Iren zusammenstellen, die die Fackel des Wissens von Land zu Land trugen, als Pilger und Eremiten, als Gelehrte und Propheten. JAMES JOYCE, 1907

Wikingerschlacht Bereits in der ersten Hälfte des 9. Jahrhunderts gelang es einem nordmännischen Wiking, Thorgils, von den Iren Turgesius genannt, sich ganz Irland zu unterwerfen, aber mit seinem Tode 844 fiel auch sein Reich auseinander, und die Nordmänner wurden vertrieben. Die Invasionen und Kämpfe dauern fort mit wechselndem Erfolg, bis endlich im Anfang des 11. Jahrhunderts der Nationalheld Irlands, Brian Borumha, ursprünglich nur König eines Teils von Munster, sich zum Beherrscher von ganz Irland aufschwingt und den mit konzentrierter Macht in Irland einfallenden Nordmännern am 23. April (Karfreitag) 1014 bei Clontarf (dicht bei Dublin) die Entscheidungsschlacht liefert, wodurch die Macht der Eindringlinge für immer gebrochen wird.

Die Nordmänner, die sich in Irland niedergelassen hatten und von denen Leinster abhängig war (der König von Leinster, Maolmordha, war 999 durch ihre Hilfe auf den Thron gekommen und seitdem durch sie darauf erhalten worden), sandten in Voraussicht des bevorstehenden Entscheidungskampfs Boten aus nach den Suderinseln und Orkneys, nach Dänemark und Norwegen, um Zuzug zu bewirken, der auch reichlich ankam. Die «Niálssaga» erzählt, wie Jarl Sigurd Laudrisson sich auf den Orkneys zum Auszug rüstete, wie Thorstein Siduhallsson, Hrafn der Rote und Erlinger von Straumey mit ihm fuhren, wie er am Palmsonntag mit allem seinen Heer nach Dublin (Durflin) kam: «Da war auch gekommen Brodhir mit allem seinen Heer. Brodhir erprobte durch Zauberei, wie der Kampf gehen würde, und so ging die Antwort: wenn am Freitag gefochten würde, daß Brian der König fallen werde und den Sieg haben; und wenn früher gefochten würde, so würden alle fallen, die gegen ihn wären; da sagte Brodhir, daß nicht eher gekämpft werden sollte als am Freitag.»

Über die Schlacht liegen uns zwei Versionen vor, die der irischen Annalen und die skandinavische der «Niálssaga». Nach dieser letzteren «kam König Brian mit all seinem Heer gegen die Burg» (Dublin); «am Freitag fuhr das Heer» (die Nordmänner) «heraus aus der Burg, und beide Heere wurden geordnet. Brodhir war in einem Heerflügel, und König Sigtrygg» (nach den «Ann[alen] Inisfall[en]» der König der Dubliner Nordmänner) «war im andern. Nun ist zu sagen von König Brian, daß er am Freitag nicht schlagen wollte, und es war aufgeschlagen um ihn eine Schildburg, und sein Heer war davor aufgestellt. Ulf Hraeda war in dem Flügel, dem Brodhir gegenüberstand; und in dem andern Flügel war Ospak und seine Söhne, da wo Sigtrygg gegenüberstand; und im Zentrum war Kerthialfadh und wurde vor ihm die Fahne getragen.»

Als der Kampf losging, wurde Brodhir von Ulf Hraeda in einen Wald gejagt, wo er Schutz fand; Jarl Sigurd hatte harten Stand gegen Kerthialfadh, der bis zur Fahne drang und den Fahnenträger erschlug sowie den nächsten, der die Fahne ergriff; da weigerten sich alle, die Fahne zu tragen, und Jarl Sigurd nahm die Fahne von der Stange und verbarg sie zwischen seinen Kleidern. Bald darauf wurde er von einem Speer durchschossen, und damit scheint auch sein Heerhaufe geschlagen. Inzwischen war Ospak den Nordmännern in den Rücken gefallen und warf Sigtryggs Heerflügel nach hartem Kampf.

«Da ging die Flucht los in allen Scharen. Thorstein Siduhallsson machte halt, als die andern flohen, und band seinen Schuhriemen; da fragte ihn Kerthialfadh, warum er nicht liefe wie die andern? Da sagte Thorstein: «Oh, ich komme doch heute abend nicht heim, ich bin zu Hause draußen in Island. Und Kerthialfadh gab ihm Frieden.»

Brodhir sah nun aus seinem Versteck, daß Brians Heer die Fliehenden verfolgte und daß wenige Leute bei der Schildburg geblieben waren. Da lief er aus dem Walde, brach durch die Schildburg und erschlug den König (Brian, 88 Jahre alt, war selbstredend nicht mehr imstande, sich am Kampf zu beteiligen, und war im Lager geblieben).

«Da rief Brodhir laut: «Das kann jetzt Mann dem Manne erzählen, das Brodhir Brian gefällt hat.»»

Aber die Verfolger kehrten zurück, umzingelten Brodhir und griffen ihn lebendig.

«Ulf Hraeda schnitt ihm den Bauch auf und führte ihn um eine Eiche und wickelte so seine Därme aus ihm heraus um den Baumstamm und starb er nicht, bis sie alle aus ihm herausgehaspelt waren, und Brodhirs Leute wurden alle erschlagen.»

Das landwirtschaftliche Zentrum des Südostens ist der Marktort Skibbereen in der Grafschaft Cork.

Beanntraí
BANTRY
33
km
Beal an da Chab
BALLYDEHOB
17
13
km
9
Dún na Séad
BALTIMORE
B. an Chaisleáin
CASTLETOWNSHEND
PIERCE HICKEY
PHOTOGRAPHER NEWSAGENT
Instant Colour
Passport Pictures
Irish
Independent
The
CORK
EXAMINER
ON SALE
HERE

Nach den «Annalen von Inisfallen» war das nordmännische Heer in drei Haufen geteilt, der erste bestand aus den Dubliner Nordmännern nebst 1000 norwegischen Zuzüglern, die alle in langen Panzerhemden geharnischt waren; der zweite aus den irischen Hilfstruppen von Leinster unter König Maolmordha; der dritte aus dem Zuzug von den Inseln und Skandinavien unter Bruadhair, dem Chef der Flotte, die sie hergetragen, und Lodar, dem Jarl der Orkneys. Diesen gegenüber formierte Brian sein Heer ebenfalls in drei Haufen; die Namen der Führer stimmen aber nicht mit denen der «Niálssaga». Der Schlachtbericht selbst ist unbedeutend; kürzer und klarer ist der der «Vier Magister», welcher hier folgt:

«A. D. 1013» (steht infolge eines konstanten Fehlers für 1014). «Die Ausländer von ganz Westeuropa versammelten sich gegen Brian und Maelseachlainn» (gewöhnlich Malachy genannt, König von Meath unter Brians Oberhoheit), «und sie nahmen mit sich zehnhundert Mann in Panzerhemden. Eine heftige, wütende, gewaltige und böse Schlacht wurde zwischen ihnen gefochten, derengleichen nicht gefunden wurde in jener Zeit, zu Cluaintarbh» (Ochsenwiese, jetzt Clontarf) «gerade auf den Freitag vor Ostern. In dieser Schlacht wurden erschlagen Brian, 88 Jahre alt, Murchadh, sein Sohn, 63 Jahre alt, Conaing, sein Neffe, Toirdhealbhach, sein Enkel, ...» (folgen eine Menge Namen). «Die» (feindlichen) «Truppen wurden endlich geworfen, von der Tulcainn bis Athcliath» (Dublin) «durch Maelseachlainn, durch heftigen Kampf, Tapferkeit und Dreinschlagen auf die Fremden und Leinsterleute; und da fiel Maelmordha, Sohn Murchadhs, des Sohnes Finns, König von Leinster, ... und es waren außerdem noch ungezählte Tote unter denen von Leinster. Auch wurden erschlagen Dubhgall, Sohn Amhlanibhs» (gewöhnlich Anlaf oder Olaf genannt) «und Cillaciarain, der Sohn Gluniairns, zwei Unterführer (tanaisi) der Fremden, Sichfrith, der Sohn Lodars, Jarl der Orkneys (iarla insih Oirc), Brodar, Anführer derer von Dänemark, der der Mann war, welcher Brian erschlug. Die zehnhundert Mann in Panzerhemden wurden zusammengehauen, und mindestens 3000 der Fremden wurden da erschlagen.»

Die «Niálssaga» wurde etwa hundert Jahre nach der Schlacht in Island niedergeschrieben, die irischen Annalen beruhen wenigstens zum Teil auf gleichzeitigen Nachrichten. Beide Quellen sind vollständig unabhängig voneinander, beide stimmen nicht nur in den Hauptsachen, sie ergänzen sich auch gegenseitig.

Man sieht, unsre Nachrichten über diese Schlacht sind in Anbetracht der Barbarei jener Zeit ziemlich ausführlich und authentisch; es wird sich nicht manche Schlacht des 11. Jahrhunderts auffinden lassen, über die wir so bestimmte und [über]einstimmende Berichte von beiden Parteien haben.
FRIEDRICH ENGELS, 1845

Trinkfeste Damen In Dublin und in anderen Städten gibt es Tavernen, in denen spanischer und französischer Wein ausgeschenkt wird, aber für gewöhnlich verkaufen ihn die Händler per Pinte und Viertel in ihren eigenen Kellern. Der irische Aquavit, genannt Usquebagh, gilt als der beste seiner Art und in der Welt. Er wird auch in England hergestellt, aber nicht in derselben Güte wie in Irland. Der Usquebagh wird unserem Aquavit auch vorgezogen wegen seiner Beimischung von Rosinen, Fenchelsamen und anderen Dingen, die seine Hitze mildern und den Geschmack angenehm machen. Sie dämpfen sein Feuer und erfrischen dennoch den schwachen Magen mit mäßiger Wärme und frischer Würze. Diese Getränke nehmen die englischen Iren in großen Mengen zu sich und in vielen Familien genießen Männer und Frauen ihn im Übermaß, besonders bei Festlichkeiten. Ich habe selbst gesehen und von anderen oft gehört, daß Damen so frei in diesen Ausschweifungen waren, daß sie auf den Knien lagen und einen Trunk nach dem anderen mit den Männern stürzten, gar nicht zu sprechen von den Frauen der irischen Lords, die trinken, bis sie betrunken sind oder wenigstens, bis sie in Anwesenheit der Männer ihre Blase erleichtern. Ich komme nicht umhin zu bemerken, daß irische Frauen die einzigen sind, die dieser Unsitte nachgehen, die ich noch nirgendwo beobachtet habe außer in Böhmen. Von diesen Vorwürfen möchte ich die Männer ausdrücklich ausnehmen, und ich gebe auch zu, daß ich sowohl Jungfern als auch Damen, als auch Bürgerliche gesehen habe, die von ihren Müttern angehalten wurden, sich zurückzuziehen, nachdem sie in aller Schicklichkeit ein oder zwei Glas auf die Gesundheit aller getrunken hatten.
FYNES MORYSON, UM 1600

In Dublins Straßen Und zunächst war vielleicht nie eine weisere Einrichtung bekannt, als daß man gewissen Personen beider Geschlechter in großen und volkreichen Städten erlaubte, viele Notwendigkeiten des Lebens durch die Straßen zu schreien; es wäre ohne Ende, wollte

---

Einer der wichtigsten «heiligen» Orte Irlands ist die von Saint Kevin im 6. Jahrhundert gegründete Klosterstadt Glendalough in den Wicklow Mountains.

Seite 44/45: Friedhof bei Ballyvaughan, Clare.

43

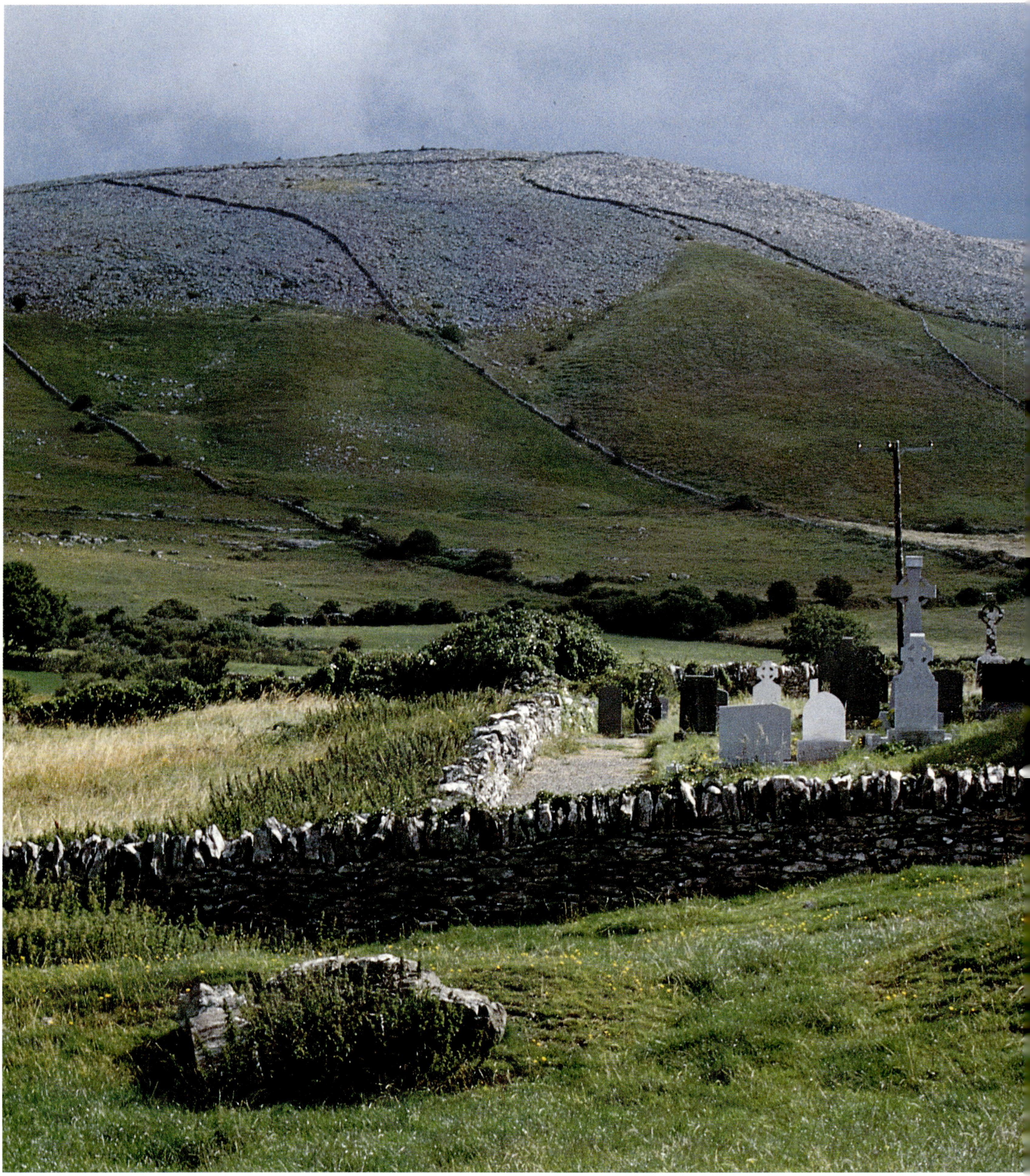

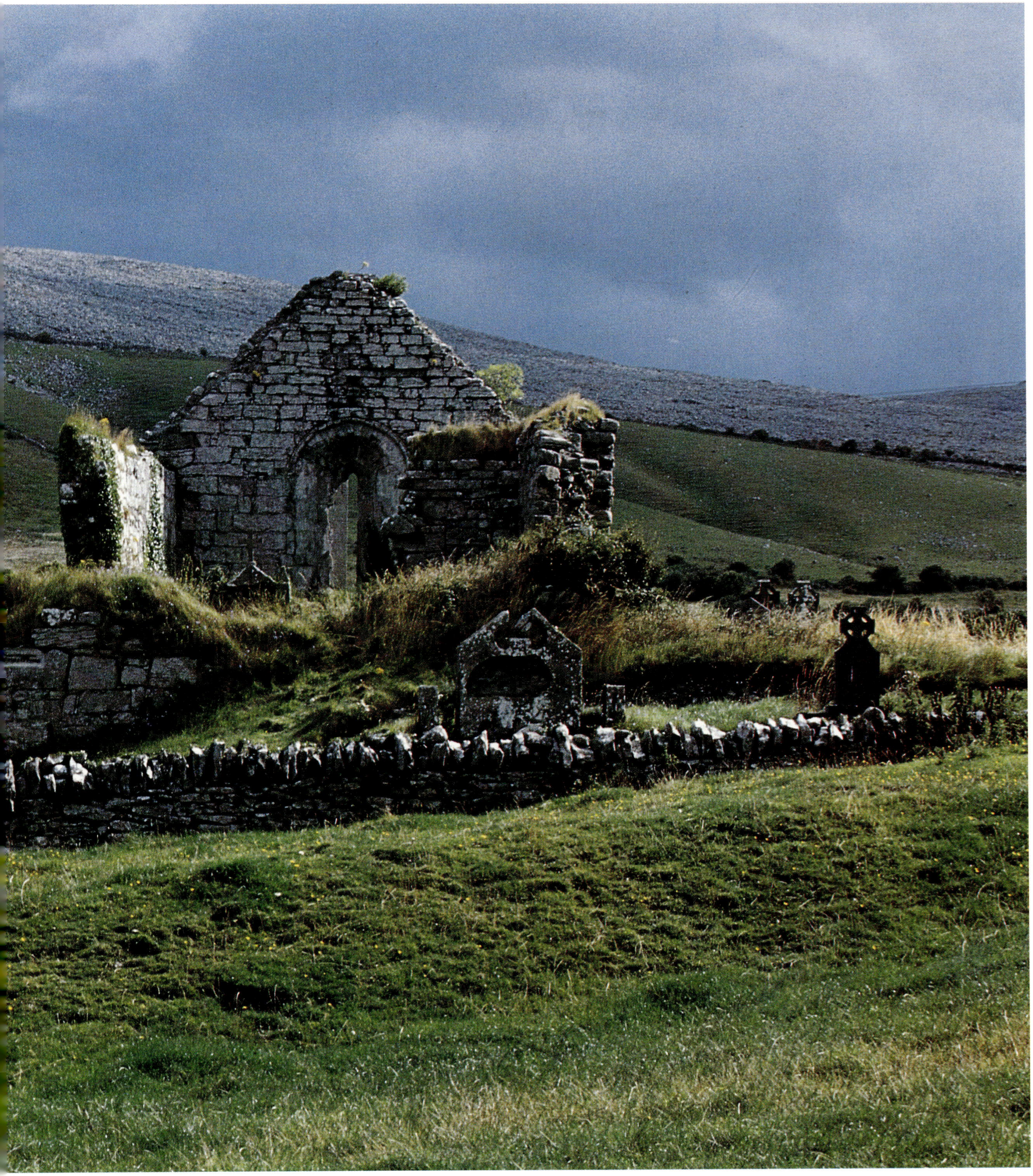

Seite 46 und 47: Memento mori – Gräber in der «heiligen» Stadt Glendalough und bei Ballyvaughan.

man die Bequemlichkeiten aufzählen, in deren Genuß unsere Stadt durch diese nützlichen Erfindungen gekommen ist –, namentlich Fremde, die durch Geschäfte hierher gezwungen wurden und nur kurze Zeit hier residieren; denn diese haben gewöhnlich nur wenig Geld, und da sie einer Kenntnis der Stadt völlig entraten, könnten sie zu einem behaglichen Preis eine erträgliche Mahlzeit erwerben, wenn die einzelnen Schreier die Namen der Güter, die sie zu verkaufen trachten, in irgendeiner erträglichen Sprache aussprächen. Und deshalb würde ich, bis unsere Gesetzgeber es für gerechtfertigt erachten, insoweit dazwischenzutreten, als nötig ist, diese Händler dazu zu bringen, ihre Worte in einer Weise auszusprechen, die es einem gewöhnlichen christlichen Zuhörer gestattet, das Geschriene zu begreifen, allen Neulingen raten, aus ihren Dachstubenfenstern zu blicken und selbst zu sehen, ob die Sache, die dort ausgeschrien wird, aus Kutteln besteht oder Hafermehlgrütze, aus Buttermilch oder Kalbsfüßen in Aspik. Denn wie ist es – so wie die Dinge jetzt gehandhabt werden – für einen ehrlichen Landmann, soeben eingetroffen, möglich, herauszufinden, was zum Beispiel mit den folgenden Worten gemeint ist, die seine Ohren beständig zweimal am Tag verblüffen: «Krüge, Kannen und Näpfe, in den Erker hinauf, in den Keller hinab.» Ich sage: Wie ist es welchem Fremden auch immer möglich zu verstehen, daß dieser Jargon die Einladung bedeutet, man solle sich zum Gegenwert eines Hellers Milch für sein Frühstück oder Abendessen kaufen, wenn ihn nicht seine Neugier ans Fenster zieht oder seine Wirtin ihn belehrt? Ich bringe dies nur als ein Beispiel vor, unter hundert viel schlimmeren; ich meine, wo die Wörter ein Geräusch erzeugen, das völlig unkenntlich ist, wo die Worte so viel Verstörung und so wenig Erhellung bringen. – Das feierliche Versprechen im Heringsgeschrei läuft unmittelbar aller Wahrheit und Wahrscheinlichkeit zuwider: «Hier Heringe, springlebendig.» Bereits das Sprichwort wird uns davon überzeugen; denn was ist bei einer gewöhnlichen Unterhaltung häufiger, als von einem Nachbarn, für den die Totenglocke läutet, zu sagen, es sei «so tot wie ein Hering»? Und, bitte, wie ist es möglich, daß ein Hering, der außerhalb des Wassers nicht länger als eine Minute leben kann, eine Schiffsreise nach Dublin ertragen sollte?

JONATHAN SWIFT, 1732

In Loving Memory of
PAT COLLINS
NEWTOWN
DIED 25TH OCT. 1985
AGED 32 YEARS
R. I. P.
ERECTED BY HIS PARENTS
BROTHERS & SISTERS

Irland in Stichworten

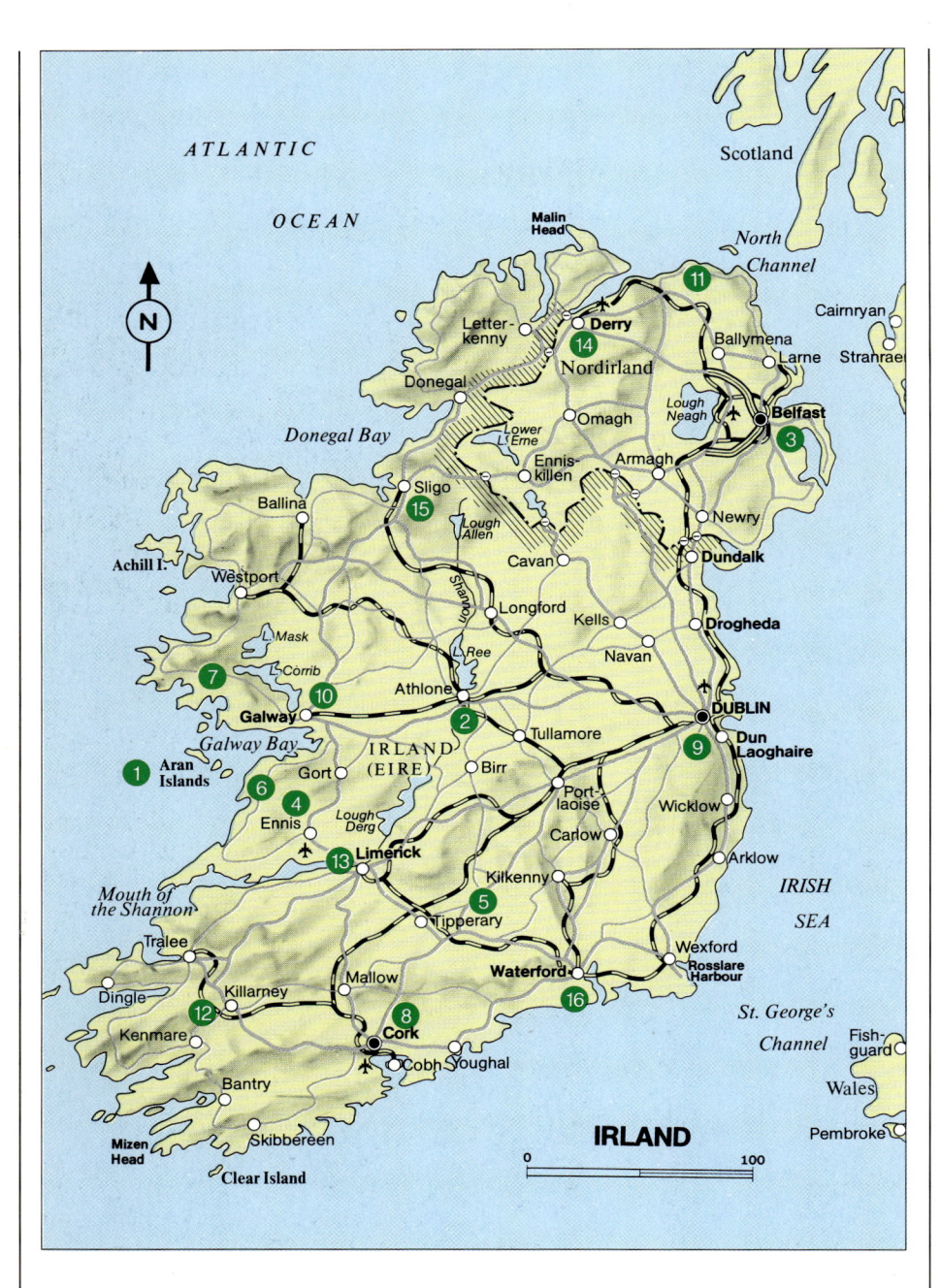

Kursive Ziffern verweisen auf Farbabbildungen, Ziffern im Kreis auf die Karte.

Irland ist 84 421 Quadratkilometer groß, und kein Ort liegt mehr als hundert Kilometer vom Meer entfernt. Die Teilung des Landes aus der Frühzeit der irischen Hochkönige lebt in den alten vier Provinzen (Leinster, Munster, Connacht und Ulster) fort. Heute gibt es 32 Grafschaften, davon bilden sechs die britische Provinz Nordirland und 26, von Dublin aus verwaltet, die Republik Irland. Die Bevölkerung Irlands wurde durch die große Hungersnot um die Mitte des 19. Jahrhunderts drastisch reduziert und beläuft sich zur Zeit auf etwa 3,5 Millionen und über 1,5 Millionen Menschen in Nordirland.

Aran Islands. ① Die Inselgruppe liegt im Atlantik, etwa 45 Kilometer vom Fährhafen Galway entfernt. Es sind drei ungleiche Kalksteinriffe: Inishmore, die größte der Inseln, ist fünfzehn Kilometer lang, drei Kilometer breit und hat 1000 Einwohner; Inishmaan, die mittlere, und Inisheer, die östliche, haben je 300 Einwohner. Ihre Bewohner sind groß, gut aussehend, mit starken, offenen Gesichtern, die zu dem kargen Boden passen, auf den die Erde zusammen mit Tang, Dung und Meersand vermischt, buchstäblich körbeweise getragen wurde, um Weideland für Schafe und Vieh zu schaffen sowie zum Anbau von Kartoffeln und Getreide. – Wirtschaftliches Haupterzeugnis sind die handgestrickten dicken Aran-Pullover. Die Fischer fahren auf modernen Trawlern aus, aber auch in ihren traditionellen «Curraghs», den einfachen Booten mit geteerten Häuten oder Leinwand über einem Holzgerüst, die heute mit Außenbordmotor versehen sind. Das legendäre Atlantis, in den irischen Sagen zum «Land der Jugend» und zur «Insel der Glückseligkeit» erklärt, soll sich einst von Inishmore losgebrochen haben und versunken sein – dem Aran-Besucher mit Phantasie dürfte das auch wahrscheinlich erscheinen.

Athlone ② liegt genau in der Mitte Irlands und war aufgrund seiner strategischen Lage am Ausgang des Shannon aus dem Lough Ree und als Überquerungspunkt von Ost- nach Westirland in der Geschichte hart umkämpft; daran erinnert noch die Burg (13. Jahrhundert) an der heutigen Shannon-Brücke. Alljährlich im Juli kommen Schiffe aller Art aus ganz Irland zur Shannon Boat Rallye zusammen. Athlone ist auch einer der sechs Orte, an denen sich Freizeit-Kapitäne einen Kabinenkreuzer zu einer Fahrt auf dem 368 Kilometer langen

Fluß mieten können. Südwärts liegen zwei der bedeutendsten Stätten des frühchristlichen Irland, *Clonmacnoise,* die Klosterstadt mit ihren sieben Kirchenruinen und schönen Steinkreuzen; in der Nähe von Banagher liegt (ähnlich abgeschieden) die kleine *Kathedrale von Clonfert* mit ihrem prachtvollen romanischen Eingangsportal.

Belfast ③ ist heute Hauptstadt (400 000 Einwohner) des nördlichen und britisch gebliebenen Teils der Insel. Die Stadt verdankt ihren Namen (irisch «Bealfeirste» = Übergang an der Flußmündung) der Lage am Lagan Fluß, der hier in die Belfast-Bucht mündet. Obwohl im Mittelalter von Iren und Engländern umkämpft, blieb Belfast bis zum Jahr 1657 fast ohne Bedeutung, als die schottischen Protestanten kamen, die die Leinen-, Schiffbau- und Maschinenindustrie gründeten. Um 1800 war die Bevölkerung auf 20 000, Ende des 19. Jahrhunderts auf 300 000 Einwohner angewachsen. Belfast war damals ein Magnet für die Armen und Arbeitsuchenden aus dem übrigen Irland. – Belfasts Prachtbauten erinnern noch heute an die vergangene wirtschaftliche Blütezeit. Im *Rathaus* (City Hall) am Donegal Square ist die Belfaster Industriegeschichte in einem Wandgemälde dargestellt. Eine Skulptur erinnert an die 1517 Opfer des in Belfast gebauten Ozeanriesen «Titanic». Sehenswert ist das *Ulster Museum* am Botanischen Garten und in der Nähe auch die Queen's University. Das am Stadtrand liegende monumentale, weiße, ehemalige *Parlamentsgebäude* mit der einen Kilometer langen Zufahrtsallee ist heute Sitz des britischen Nordirlandministers. – Das Ulster Orchestra hat internationales Renommee und trägt der Musikliebe der Belfaster Rechnung; auch die internationalen Kunstfestspiele (alljährlich im November) haben einen guten Ruf. Zahlreiche neue Restaurants, Cafés, Pubs und Nachtlokale mögen unter anderem beweisen, daß die Bevölkerung sich von gelegentlichen Sprengstoffanschlägen nicht unterkriegen läßt.

The Burren ④ in der Grafschaft Clare, nordwestlich von Ennis, ist ein in Europa einzigartiges und bizarres geologisches Phänomen. Gletscher und Bodenerosion haben vor 15 000 Jahren eine Vielfalt an Plateaus, wie für Riesen bestimmte Pflastersteine aus Kalksteinfelsen, geschaffen, die von Längsrinnen durchschnitten sind und wie eine kahle, graue Mondlandschaft anmuten. Bei näherem Hinsehen erweist sich diese 500 Quadratkilometer große Landschaft jedoch als ein Paradies für wilde Blumen, Moose, Orchideen, Enziane sowie Pflanzen aus dem Mittelmeer- und Alpenraum (sogar aus der Arktis) und auch ungewöhnlicher Fauna, zum Beispiel Kleintiere wie Eidechsen, Vögel und seltene Schmetterlingsarten. Erde und Samen waren in der Eisschmelze zurückgeblieben. Die Kalksteinfelsen konservieren die Hitze der Sommersonne wie eine Art Dauerheizung. – Daß einst auch Menschen dort lebten, bezeugen viele vorgeschichtliche Bauten, Megalithgräber («Cahers»), runde, festungsartige Wohnplattformen, Dolmen wie der berühmte von Poulnabrone in der Nähe von Carran, bei denen eine große flache Steinplatte auf senkrechtstehenden Pfeilern liegt. Es gibt auch ein verzweigtes Netz von Höhlen. Im Burren Display Centre in Kilfenora erhält man einen Überblick über die Geschichte und die Besonderheiten dieser Landschaft. Neben dem Zen-

Das im Renaissancestil erbaute Rathaus von Belfast.

trum stehen die Überreste der kleinen Kathedrale von Saint Fachtna aus dem 12. Jahrhundert.
Das Burrenstädtchen Lisdoonvarna rühmt sich seiner schwefel-, eisen- und jodhaltigen Mineralquellen und ist auch als Heiratsmarkt bekannt: nach der Erntezeit Ende September pflegen die Bauern auf Frauensuche in den Hotels abzusteigen. Professionelle Heiratsvermittler walten ihres Amtes. – Der Kurort bietet zahlreiche Saunabäder, Cafés und Pubs mit irischen Tanzabenden.

Der Felsen von **Cashel** ⑤ liegt inmitten schöner Flußtäler, umgeben von wuchtigen Ruinen, in der Grafschaft Tipperary und ist eine besondere Sehenswürdigkeit des alten Irland: ein Felsplateau, 70 Meter aus der Ebene aufragend, mit den Überresten alter Klosterruinen, darunter eine Kathedrale aus dem 13. Jahrhundert. Die prachtvolle Cormac's Chapel (1134) ist ein gutes Beispiel des irisch-romanischen Baustils. Cashel war vom 4. bis zum 11. Jahrhundert Sitz der Könige von Munster, eine der vier Provin-

Die im Tudorstil des 19. Jahrhunderts erbaute Belfaster Queen's University.

zen des alten Irland. Hier regierte Brian Boru, der letzte der irischen Hochkönige.

Die **Cliffs of Moher** ⑥ sind neben dem Burren – ebenfalls in der kleinen Grafschaft Clare – eine der imposantesten Natur-Sehenswürdigkeiten der Welt. Über eine Strecke von zehn Kilometern ragen die Küstenfelsen zweihundert Meter steil aus den tosenden Wellenbergen des Atlantik auf. Tausende von Seevögeln nisten in den Felsen. – Clare ist wegen des kargen Bodens eine der weniger bevölkerten Grafschaften Irlands. Sie war im 19. Jahrhundert auch sehr stark von der Hungersnot betroffen; in neuerer Zeit ist sie durch die industrielle Entwicklung um den Flughafen Shannon etwas aufgeblüht.

Connemara ⑦ gehört zu den landschaftlichen Hauptattraktionen Irlands. Im Kontrast zum lieblichen Killarney im Süden, ist der Westen eine wilde und spröde wirkende Gegend. Der westliche Teil der Grafschaft ist durch den 45 Kilometer langen See Lough Corrib vom fruchtbaren östlichen Kalksteinflachland getrennt. Es ist die Heimat der zähen, intelligenten Connemara Ponys. Unter ihren Vorfahren sollen arabische Hengste gewesen sein, die aus den an der irischen Küste gestrandeten Galleonen der Spanischen Armada an Land schwammen. Die Pferde sollen eine bessere Aufnahme gefunden haben als die Spanier, die beraubt und erschlagen wurden. Connemara ist zum Teil eine Moorgegend – ein Sechstel ganz Irlands ist noch «Bog» (Sumpfland). Nach der Entwässerung werden kunstvoll Torfbriketts gestochen, die typisch irisch riechenden (manchmal auch rauchigen) Brennstoff für Herd und Kamin abgeben. Ein günstiger Ausgangspunkt für Wanderungen und Ausflüge an malerische Seen, versteckte Strände, Hochmoore um die Hügelkette der «Zwölf Bens» (der höchste ist 750 Meter hoch) ist der 80 Kilometer westlich von Galway gelegene Marktflecken Clifden. In der Nähe des Anglerzentrums Oughterard am Lough Corrib liegen die sehenswerten Klosterruinen von Cong Abbey und Ross Errilly Abbey, sowie Ashford Castle, der frühere Sommersitz der Guinness-Familie, der heute ein Schloßhotel ist. (S. 18, 25, 30, 31, 32/33)

Cork City ⑧ ist mit 150 000 Einwohnern die zweitgrößte Stadt der irischen Republik und das wichtigste Handels- und Industriezentrum in der südwestlichen und größten Grafschaft gleichen Namens. Das irische «Corcaigh» hatte den Sinn von Sumpfland, was es offenbar noch war, als der heilige Finbarr dort im 7. Jahrhundert eine Kirche und Schule baute. Saint Finbarr's Cathedral ist heute Bischofssitz. Cork war im irischen Unabhängigkeitskampf durch aufständische Bürgermeister zur «Rebel City» geworden; 1920 wurde die Stadt von der berüchtigten Hilfspolizei «Black and Tans» (so genannt nach ihrer dunkelgrün, fast schwarzen Uniform) zur Vergeltung niedergebrannt. Der Wiederaufbau wirkt etwas schäbig, obwohl die Lage am Lee Fluß sehr reizvoll ist und die «Mall» sowie der Vorort Montenotte, der auf der Anhöhe liegt, eine kontinentaleuropäische Atmosphäre ausstrahlen. In der Bucht von Cork liegt die Hafenstadt Cobh (ausgesprochen: Kof); von hier aus legten einst die Auswandererschiffe nach Amerika ab.
Die Menschen von Cork sind wegen ihres Witzes bekannt. Sie haben den *Blarney-Stein* geküßt, heißt es, obwohl sie das weitgehend den Touristen überlassen, die in Blarney Castle, acht Kilometer nordwestlich von Cork, den 26 Meter hohen Hauptturm ersteigen, um in schwindelnder Höhe den Wunderstein zu küssen. Weil der Burgherr Cormac McCarthy Königin Elisabeth I. immer wieder mit schönklingenden Ausreden vertröstete, um nicht ihr Vasall zu werden, soll sie ärgerlich ausgerufen haben: «It's all blarney!», was soviel bedeutet wie «mal wieder eine faule (bzw. gute) Ausrede!»

Dublin ⑨ hat heute etwa 915 000 Einwohner. Der Name kommt vom Irischen «Duibh linn» (dunkler Pfuhl), was in alten lateinischen Heiligenleben als «nigra therma» übersetzt wurde, und nach James Joyce eine nicht unpassende Bezeichnung für die irische Metropole sei. Der ältere Name lautete «Baile Atha Cliath» (Blaa-kli ausgesprochen; die Stadt des Furt-Hindernisses, an dem man den Fluß Liffey vor seiner Mündung ins Meer überqueren konnte). Die *Bank of Ireland* am College Green ist sicherlich das einzige Parlamentsgebäude der Welt, das zu einer Bank umfunktioniert wurde (1804). Dublins erstes klassizistisches Gebäude

Cottages in der rauhen, wilden und schönen Landschaft Connemaras.

O'Connell Street, die Hauptschlagader Dublins.

Häuserzeile in Corks Vorort und einstigem Auswandererhafen Cobh.

wurde 1729 bis 1739 errichtet, hat eine fensterlose Fassade und eine von 22 ionischen Säulen getragene, 45 Meter lange Vorhalle. Die
Christ Church Cathedral (Trinity Church) steht an dem Ort, an dem 1038 der Wikingerkönig Sitric eine Kirche errichten ließ. Neben der Patrickskathedrale gehört die Trinity Church zu den schönsten Beispielen der Frühgotik in Irland. Die Krypta stammt aus dem Jahr 1172, als die Kathedrale von dem normannischen Earl of Pembroke renoviert wurde. Wie die meisten schönen Gebäude Dublins stammt das majestätisch am Liffey gelegene
Custom House mit seiner Kupferkuppel (am besten von der anderen Uferseite zu sehen) aus dem 18. Jahrhundert. Das Zollamt wurde nach der Zerstörung im Bürgerkrieg 1921 liebevoll restauriert. Das von den Normannen 1208 bis 1220 erbaute
Dublin Castle sieht längst nicht mehr wie eine mittelalterliche Burg aus. Durch die Jahrhunderte war es Regierungssitz, Amtsresidenz des britischen Vizekönigs, Gefängnis, Gericht, Parlament und zuletzt 1916 belagerte Festung. In der O'Connell Street befindet sich das
General Post Office (Hauptpostamt), nach seinen Initialen auch als GPO bekannt. Es wurde 1818 erbaut und diente als Hauptquartier der Rebellen des Osteraufstands von 1916, die ihre Proklamation, die heute auf einer grünen Marmorsäule mit Unterschriften verewigt ist, unter dem Säulenportal verlasen. Die
Guinness Brewery, Saint James's Gate, existiert seit 1759 und wurde von Arthur Guinness gegründet. Sie ist die «Heimstätte» des weltberühmten dunklen Porterbiers. Besichtigungen können mit einem Umtrunk verbunden werden.

Kilmainham Jail. Der häßliche Bau des ehemaligen Gefängnisses in der Inchicore Road wurde als historische Gedenkstätte restauriert, da hier zwischen 1796 und 1924 viele irische Unabhängigkeitskämpfer (darunter Charles Stewart Parnell, Isaac Butt, Eamon de Valera, auch die später hingerichteten Mac Diarmada und James Conolly) inhaftiert waren.

Liffey. Der Liffey Fluß durchschneidet, bevor er ins Meer mündet, das Herz der Metropole; er trägt ganz besonders zu ihrer einzigartigen Atmosphäre bei. Wie Cork dem Fluß Lee, Limerick dem Shannon, so verdankt auch Dublin der Liffey sein Entstehen. Zwölf Brücken überspannen den Fluß, darunter die größte, die O'Connell Bridge, die fast so breit wie lang ist. Am

Merrion Square stehen, trotz mancher baulicher Verschandelungen, die schönsten roten «Georgian»-Ziegelsteinbauten aus der Ära der hannoveranischen Könige Großbritanniens im 18. Jahrhundert. Diese Häuser sind der ganze Stolz Dublins. Am Merrion Square wohnten einst Daniel O'Connell, die Dichter William Butler Yeats und George Russell sowie der österreichische Physiker und Nobelpreisträger Erwin Schrödinger. Westlich vom Merrion Square steht das

Leinster House, einst das Stadtpalais des Herzogs von Leinster, heute das irische Parlamentsgebäude; es besteht aus Senat («Seanad» im Irischen) und Abgeordnetenkammer («Dail» – Deul ausgesprochen). Einlaß zum Parlament erhält man nur mit einem Empfehlungsschreiben der deutschen Botschaft oder von einem Teachta Dail (Abgeordneten). Die

National Gallery of Ireland, Merrion Square West, erbaut 1859 bis 1864 von Francis Fowke, dem Architekten des Londoner Victoria & Albert Museums (1859 bis 1864), enthält 2200 Gemälde, 5000 Aquarelle und 250 Plastiken sowie eine amerikanische Sammlung und Ikonen. Irische Künstler haben hier verständlicherweise den Vorrang, aber auch englische, holländische, flämische, italienische und spanische Meister sind gut vertreten. Das

National Museum, Kildare Street, enthält einzigartige archäologische Funde: irischen Goldschmuck aus der Bronzezeit; den berühmten Ardagh Kelch und die Tara Brosche aus dem 8. Jahrhundert; den Schrein der Saint-Patricks-Glocke aus dem 12. Jahrhundert; Ogham-beschriftete Grabsteine. Das Ogham Alphabet war eine primitive Adaptierung des lateinischen Alphabets. Auch Nachbildungen der schönsten irischen Steinkreuze von Klosterfriedhöfen sind ausgestellt. Die

O'Connell Street ist die 50 Meter breite, nach Daniel O'Connell (1775–1847), dem Anwalt und Freiheitskämpfer, benannte Hauptallee Dublins. In der Straßenmitte befinden sich vier Denkmäler. Einst waren es fünf, aber 1966 wurde die große, 1808 errichtete Nelsonsäule in die Luft gesprengt, ein von irischen Nationalisten begangener (und gefeierter) Vandalenakt. (S. 11) – Die mit fast acht Quadratkilometern größte Grünanlage Dublins ist der

Phoenix Park. Hier gibt es Gärten, Seen, Sportanlagen, den Dubliner Zoo und die Residenzen des irischen Staatspräsidenten und des amerikanischen Botschafters sowie die Aras an Uachtarain, seit 1937 Residenz des Präsidenten, vormals Sitz der britischen Vizekönige und Generalgouverneure. Im Phoenix Park waren Lord Frederic Cavendish, der damalige Hauptminister für Irland, und der Minister Burke von Angehörigen einer nationalistischen Geheimgesellschaft ermordet worden.

Saint Patrick's Cathedral, Patrick Street, in der Nähe der Christ Church. Sie ist die zweite, neuere und größere protestantische Kathedrale Dublins, sie ist aber dem Nationalheiligen Irlands geweiht, der dort an einem heiligen Brunnen die zum Christentum bekehrten Heiden taufte. Der die Quelle deckende Stein ist in der Nordwestecke der Kathedrale zu sehen, die im Jahr 1192 geweiht wurde, aber in ihrer jetzigen Form aus dem 13. und 14. Jahrhundert stammt; die Marienkapelle wurde im Jahr 1270 vollendet. Bekannt ist die Kathedrale auch wegen Jonathan Swift (1667–1745), dem Verfasser von «Gullivers Reisen». Der englische Dichter war dreißig Jahre lang ihr Dekan; er liegt im Kirchenschiff begraben. In Dublin fühlte er sich wie in der Verbannung. Er wurde dennoch zum großen Dichter der Insel und ihres Leids. Einer der großen «Squares» ist

Saint Stephen's Green, eine Anlage nach italienischem Muster, wie sie seit dem 18. Jahrhundert in Großbritannien immer beliebter wurden. Die eleganten Stadtresidenzen sind leider weitgehend verschwunden. Die Mitte bildet ein großer Park mit künstlichem See und einigen Denkmälern mit Motiven aus der irischen Geschichte. Auf der Nordseite des Square liegt das Newman House und die Universitätskirche, die einst Teil der von (Kardinal) John Henry Newman geplanten, aber nie realisierten katholischen Universität war. – Mitten im Dubliner Großstadtgetriebe liegt die 1591 von Königin Elisabeth I. gegründete Dubliner Universität, das *Trinity College* am College Green, das stets protestantisch orientiert war. Für Katholiken war bis 1956 das Studium an der Uni von der katholischen Kirche verboten. Berühmte Studenten waren unter anderen der Staatsphilosoph Edmund Burke und der Dramatiker Oliver Goldsmith, deren Statuen heute das Eingangsportal flankieren. Der Campus besteht aus schönen Gebäuden im Palladio-Stil. Sehenswert ist die Library mit ihrem berühmten Saal, dem längsten Lesesaal einer europäischen Bibliothek – 64 Meter lang, 12 Meter hoch und 12 Meter breit. Ihre Hauptschätze sind das «Book of Kells», das Prachtwerk irischer Illuminationskunst aus dem Jahr 800, sowie Evangeliare der Klöster Durrow und Armagh aus dem 7. bzw. 9. Jahrhundert und die klassische O'Neil Harfe Irlands (Brian Boru Harfe). Der Lesesaal enthält 200 000 der ältesten Bücher der insgesamt 2,5 Millionen Werke umfassenden Trinity Bibliothek. (S. 10, 13-15)

Galway ⑩ (42 000 Einwohner) ist die wichtigste Stadt (Seehafen und Kulturzentrum) der westlichen Provinz gleichen Namens. Galway konnte sich im Mittelalter als Stadtstaat behaupten, mußte aber auch verheerende Belagerungen durch Cromwell und König Wilhelm von Oranien erleiden. Durch seine Handelsverbindungen zur iberischen Welt bewahrte sich die Stadt einen an Spanien erinnernden Charakter; zum Beispiel durch den «Spanish Arch» (Torbogen) am Pier, der von den alten Befestungsanlagen übriggeblieben ist. Die Anglo-Normannen bauten 1320 die Saint Nicholas Church (heute Church of Ireland), in der angeblich Columbus vor seiner Entdeckungsreise nach Amerika gebetet haben soll. Eine Gedenktafel erinnert an die Kaufmannsfamilie Lynch, die vom 15. bis zum 17. Jahrhundert fast immer das Bürgermeister- und Friedensrichteramt innehatte, unter ihnen James Lynch Fitz-Stephen, der 1493 seinen der Ermordung eines spanischen Kaufmanns überführten Sohn eigenhändig hinrichtete, um dem Gesetz Genüge zu tun. Kein Henker hatte es gewagt, ein Mitglied der mächtigen

Familie zu hängen. Auf den Namen soll der Begriff «Lynchjustiz» zurückgehen. Der Friedensrichter von Virginia, Charles Lynch (1736–1796), der auch irischer Abstammung war, hat jedoch wahrscheinlich einen größeren Anspruch auf die Namensgebung als der Galwayer Lynch. Nahe der mächtigen katholischen Kathedrale liegt Salmon Weir, das Wehr des Corrib Flusses, wo im Juni/Juli die Lachse auf ihrem alljährlichen Zug vom Meer in die großen Süßwasserseen von Galway die erste Lachstreppe überspringen. In der zweiten Septemberwoche findet in Galway ein Austernfest statt. (S. 6/7)

Gälisch – die irische Sprache. Iren sprechen Englisch mit einem melodischen Akzent, der im Inselsüden (zumal bei weiblichen Stimmen) besonders weich klingt, in Nordirland eher harsch. Irisch war ursprünglich die Landessprache, die außerhalb des sogenannten «Pale» (dem der englischen Gerichtsbarkeit unterstehenden Dubliner Umkreis) gesprochen wurde. Die irischsprechenden Regionen sind heute auf die «Gaeltacht»-Gebiete (Land der Gälen) des fernen irischen Westens und Südens beschränkt. Etwa 55 000, also weniger als 1 Prozent der Bevölkerung, spricht gälisch, wenngleich 29 Prozent die Sprache beherrschen.
Gälisch ist nach Englisch die zweite offizielle Sprache des Landes. Irisch ist Pflichtfach in den Schulen, wenngleich Prüfungen nicht mehr obligatorisch sind, außer für Staatsangestellte. Es ist eher eine künstliche Landessprache, zumal die Pflege des Irischen erst wieder mit dem Unabhängigkeitskampf im späten 19. Jahrhundert aufkam.

Giant's Causeway, ⑪ zwölf Kilometer östlich von Portrush an der (britischen) Nordküste gelegen, ist eines der großen Naturwunder Europas. Der «Riesen-» oder «Teufelsdamm» besteht aus 38 000 sechs- bis achteckigen Basaltsäulen, die zwölf Meter hoch wie Orgelpfeifen oder wie Treppen aus dem Meer aufragen. Diese

Die Ortschaft Bantry, südlich von Killarney in der Grafschaft Cork.

seltsamen schwarzen, roten und gelben Steingebilde wurden vor 60 Millionen Jahren nach einem Vulkanausbruch durch das Erkalten der Lava geformt. Der Legende nach baute sie sich der Riese Finn McCool, Held der Ulsterschen Sagen, als Pfad durchs Meer, um zu seiner Geliebten, die auf der schottischen Halbinsel Staffa lebte, zu gelangen. Ein Küstenweg führt an den einzigartigen Gesteinsformationen vorbei. Im Informationszentrum wird ein geologischer Film gezeigt, den man sich ansehen sollte, bevor man sich zu einem längeren oder kürzeren Rundgang entschließt.

Killarney und der «Ring von Kerry». ⑫ In der Dichtung wird das Stück Erde besungen, das sich von Killarney bis zur Bay von Glengarriff, von den Caha Mountains bis zur Küste im Süden erstreckt. Sein feenhafter Zauber, wenn man einmal von dem reizlosen Touristenzentrum Killarney absieht, übertrifft alle Schilderungen. Die Berge, nur einige hundert Meter hoch, wirken, weil sie von der Ebene aufsteigen, sehr mächtig. Die wilde Felsszenerie ist mit Ginster und Heidekraut durchsetzt. Die Vegetation kennt kaum einen Wechsel der Jahreszeiten; Geranien, Fuchsien und Myrthe gedeihen das ganze Jahr über. Inmitten dieser Landschaft liegen die Seen von Killarney, oft durch reißende Strömungen miteinander verbunden und an den engsten Stellen von alten Brücken überspannt. In den Seen liegen zahlreiche kleine und größere Inseln und über jede wird mindestens eine Legende erzählt. – Die etwa zweihundert Kilometer lange Küstenstraße, die von Killarney um die Iveragh-Halbinsel führt, wird *Ring of Kerry* genannt. Man sollte sich Zeit für eine Rundfahrt nehmen. Von «Bed & Breakfast» bis zum herrlich gelegenen Luxushotel in Parknasilla gibt es zahllose Übernachtungsmöglichkeiten. An der Route liegen: die Marktflecken Kenmare, bekannt für seine Spitzenmanufaktur und die Fische in seiner Flußmündung; Castlecove mit den gut erhaltenen Ruinen des imposanten, 2500 Jahre alten Staigue Fort, eines der archäologischen Wunder Irlands; und die subtropische Vegetation von Valentia Island, die über eine Brücke zu erreichen ist. Von Portmagee aus lohnt sich (bei ruhiger See) eine Bootsfahrt zu den Skellig Rocks, den abrupt aus dem Atlantischen Ozean herausragenden Felsen: Skellig Michael mit den Resten eines Klosters und Little Skellig. Hier gibt es aber keine Anlegemöglichkeit. An die 20 000 Baßtölpel (Gannets), Tordalken (Razorbills), Kormorane, Sturmtaucher (Shearwaters) und viele Möwenarten nisten dort. Wer um den 10., 11. und 12. August durch den kleinen Ort Killorglin kommt, kann die mit Pferden, Vieh und Jahrmarkt verbundene «Puck Fair» miterleben und die Krönung eines wilden Ziegenbocks zum König. Es ist ein altes irisches Fest, das wahrscheinlich heidnischen Ursprungs ist und an den bocksbeinigen Pan erinnern soll.

Limerick ⑬ (75 000 Einwohner), die drittgrößte Stadt der irischen Republik. Die geschäftige Hafenstadt ist durch ihre Industrie bekannt. Der strategisch günstigen und zugleich malerischen Lage an der breiten Mündung des Shannon verdankt Limerick seine Entstehung; an seine von Gewalt gekennzeichnete Vergangenheit erinnert die von dem Plantagenetkönig John I. im 13. Jahrhundert errichtete Festung. Die neuere Entwicklung und der bescheidene Wohlstand haben außer ein paar schönen Häusern aus dem 18. Jahrhundert im Crescent und Pere Square nicht viel mehr vom alten Glanz übriggelassen. Zwei Kathedralen, die 800 Jahre alte, heute protestantische Saint Mary's Cathedral und die neugotische Saint John's Cathedral (1894) symbolisieren Irlands tragische religiöse Geschichte. Die berühmten Fünfzeiler-Verse, Limericks genannt, sind vielleicht eine Verballhornung von «learic», ein Wortspiel auf den Namen des Nonsense-Versdichters Edward Lear (1812–1888) und «lyric» (lyrisch). Bekannt unter den druckreifen Limericks ist der folgende: «There was a young lady of Riga / Who smiled as she rode on a Tiger / They returned from the ride / With the lady inside / And the smile on the face of the Tiger.»

Londonderry (Derry) ⑭ ist die zweitgrößte Stadt Nordirlands (52 000 Einwohner). «Derry» sagen die Katholiken, «Londonderry» die Protestanten. Die Stadt entstand beim Eichenwald am Foyle Fluß (Eiche = Doire), an dem der heilige Kolumban im 6. Jahrhundert ein Kloster gegründet hatte. Die trutzigen Stadtmauern, 1,6 Kilometer lang, über 6 Meter hoch und bis zu 9 Meter breit, bauten englische und schottische Siedler im 17. Jahrhundert. Unvergessen ist bei den Protestanten Nordirlands die Belagerung von 1688/89, als die Katholiken unter König James II. Londonderry fast sechs Monate umzingelt hielten und Tausende den Hungertod starben. Eine Kapitulation wurde von den Lehrlingen der Stadt verhindert, indem sie das schon geöffnete Tor besetzten und die Einnahme der Stadt durch den katholischen Earl of Antrim verhinderten. An den Sieg der protestantischen Truppen des Oranierkönigs Wilhelm wird alljährlich in nordirischen Straßenumzügen mit Trommeln und Pfeifen erinnert: für die Katholiken eine Provokation, für die Protestanten eine Stärkung ihres Selbstbewußtseins; blutige Auseinandersetzungen der Geschichte werden zu Symbolen des heutigen Konflikts.

Musik. Die Iren sind kein musikalisches, aber ein musikliebendes Volk. Irlands klassisches Instrument, die Harfe, ist kleiner als die normalerweise bekannte. Die älteste, Brian-Boru-Harfe genannt, ist im Dubliner Trinity College ausgestellt. Sie ist 70 Zentimeter hoch, ein schweres, solides Instrument, das aus einem Stück Weidenholz geschnitten wurde. Die vordere Säule ist fast oval nach außen gebogen. Der Klang war silberhell, glockenähnlich, ganz anders als der der mit Darmsaiten bespannten Harfen. Die auf diesen Harfen gespielte Musik ist verlorengegangen. Einer ihrer letzten Meister war Turlough O'Carolan (1670–1738). Er war blind wie manche Spieler. Ihr Werk ist von der italienischen Barockmusik beeinflußt. Im 18. Jahrhundert war Dublin zu einem musikalischen Zentrum geworden, das Musiker wie Francesco Geminiani, Thomas Arne und Georg Friedrich Händel anzog. Unter anderem wurde Händels «Messias» am 13. April 1742 in Dublin uraufgeführt. Während der Romantik, im späten 18. und frühen 19. Jahrhundert, kam es zu einem europäischen Triumphzug der alten, eigentlich aber nur «nachempfundenen» schottischen und irischen Dichtung und Musik.

Die typische irische Folkmusic ist in den letzten Jahrzehnten auch auf dem Kontinent sehr populär geworden. Gruppen wie «The Dubliners» brachten Traditionals, Rebellen- oder Liebeslieder in die europäischen Konzertsäle. Auf der Insel wird die Volksmusik nach wie vor in den rauchigen Pubs oder bei zahllosen «Ceili» (geselligen Zusammenkünften) meistens von vier Musikern (Flöte, Geige, Zinnpfeife oder Äolsharfe) gespielt.

Sligo ⑮ (18 000 Einwohner), die Hauptstadt der gleichnamigen Landschaft, liegt harmonisch eingebettet zwischen dem tafelförmigen Ben Bulben (527 Meter) und dem Knocknarea (330 Meter). Die an Sagen und Legenden reiche Gegend hat ihren größten Sohn, den Dichter William Butler Yeats, er wurde 1865 in Dublin geboren und starb 1939 in der Nähe von Sligo, geprägt. Auf Knocknarea liegt das Großsteingrab (Cairn), wo angeblich die legendäre böse Königin Maeve von Connacht bestattet sein soll.

Der Dichter Yeats liegt auf dem kleinen protestantischen Friedhof von Drumcliffe, wo sein Vater Pastor war, am Fuß des Ben Bulben begraben. In der Nähe befindet sich Lough Gill mit der kleinen Insel Innisfree, die Yeats durch ein Gedicht berühmt gemacht hat. In merkwürdigem, düsterem Kontrast zu der zarten Schönheit des Sees liegt an seinen Ufern das als Magherashanrush Cairn bekannte Großsteingrab. Nicht weit von Drumcliffe befindet sich Grange, wo man im Boot auf die Insel Inishmurray übersetzen kann, um sich die alte vorchristliche Steinburg anzusehen, die ein gutes Beispiel dafür ist, wie irische Mönche im 6. Jahrhundert über alten heidnischen Stätten ihre Klöster bauten.

Auch der in der Nähe von Gort (Grafschaft Galway) idyllisch gelegene «Yeats Tower» Thoor Ballylee lohnt den Besuch. Der Dichter erwarb den alten Turm sehr preiswert im Jahr 1917. Yeats verbrachte viele Sommer dort, nahe dem Landsitz von Lady Gregory, die mit dem Kreis der Dichter und Dramatiker des national erwachenden Irland verbunden war. Heute ist dort eine Yeats-Gedenkstätte eingerichtet.

Pferderennen bei Cahirciveen, dem Hauptort der Iveragh-Halbinsel.

Sport. «Beim Fußball kickt man den Ball, beim Hurling den anderen Spieler, wenn man den Ball nicht erwischt. Beim Gaelic Football kickt man den Ball, falls man den anderen Spieler nicht erwischt.» Diese sportliche Regel charakterisiert vor allem den Enthusiasmus der Iren beim Spiel. Hurling (schleudern, treiben) ist der weit in die keltische Vergangenheit zurückreichende Nationalsport, ein Zwischending von Cricket und Hockey, mit Schlägern und kleinem Lederball, der schnell, tollkühn, das heißt gefährlich gespielt wird. Man nennt Hurling auch ein «gut organisiertes Gemetzel».

Die sprichwörtliche irische Wettleidenschaft ist bei Windhund- und Pferderennen besonders groß. Clonmel (Tipperary) gilt als die Windhundmetropole der Welt.

Wild- und Hatzjagden sind auf die Oberschicht beschränkt, aber das Pferd war und bleibt, zumal wenn ein Jockey auf ihm sitzt, das allen Iren heilige Tier, dem 28 Rennbahnen, auf denen an 250 Tagen im Jahr Rennen (mit den höchsten Preisen in der Rennwelt) stattfinden, «geweiht» sind. – Zu Vollblutversteigerungen in Kill, Irlands elitärer Pferdeheimat in der Grafschaft Kildare, und in Ballybridge (Dublin) – Horse-Show alljährlich im August – kommen Käufer aus der ganzen Welt. Auf dem Curragh, der für Pferdezucht idealen Prärie, wird alljährlich das weltberühmte Irish Sweeps Derby ausgetragen. Auf der so reichlich mit Bächen und Strömen gesegneten Insel ist der Angelsport natürlich weit verbreitet: es werden vor allem Lachse und Forellen sowie in den Küstengewässern Seefische gefangen. Zum Lachsfischen ist eine Lizenz erforderlich, was den irischen Oppositionsgeist provoziert und zum Wildern, dem sogenannten «Sport des kleinen Mannes», reizt. Die Insel bietet natürlich beste Gelegenheit zu allen anderen Wassersportarten. Bowling auf offener Straße, mit einem zwölf Kilogramm schweren Stahlball gespielt, ist in Cork und Armagh beliebt.

Schloß Johnstown in der Grafschaft Wexford.

Einer der für Irland so typischen Rundtürme in Glendalough.

Waterford City ⑯ (40 000 Einwohner) ist eine rege, kleine Hafenstadt, dreißig Kilometer vom Meer entfernt, am Suir Fluß gelegen, mit einem langen Kai; der Ort hat kontinentaleuropäische Atmosphäre. Erst kamen die Wikinger, dann die Normannen, später Cromwell, es folgte ein friedlicheres 18. Jahrhundert, aus dem auch die protestantische und katholische Kathedrale stammen. Die Stadt hat indes mehr Charakter als Schönheit. Das Wahrzeichen Waterfords ist der Reginald Tower aus dem 12. Jahrhundert, der als Gefängnis und als Münzprägeanstalt diente. Er hat bis zu drei Meter dicke Mauern und war auch Teil der alten Stadtbefestigung.

Die berühmte Glasmanufaktur, 1783 gegründet, mußte 1851 wegen der britischen Einfuhrzölle ihre Tore schließen. Das heutige Werk in der Cork Road wurde 1951 wieder eröffnet. Das kostbare geschliffene Waterford Crystal gehört zum Inventar eines jeden besseren irischen Hauses. Alljährlich im September finden in Waterford die international renommierten Opernfestspiele statt.

Quellen- und Bildnachweis

Moritz Hartmann: Briefe aus Irland. In: G. Erler: Streifzüge und Wanderungen. Reisebilder von Gerstäcker bis Fontane. München: Hanser 1979.
James Joyce: Irland – Insel der Heiligen und Weisen. In ders.: Frankfurter Ausgabe, Werke 4.1., Kleine Schriften. Übersetzt von Hiltrud Marschall und Klaus Reichert. Frankfurt am Main: Suhrkamp 1974.
Johann Georg Kohl: Reisen in Irland. Dresden 1843.
Karl Marx / Friedrich Engels: Irland. Insel im Aufruhr. Berlin: Dietz 1975.
Fynes Moryson: Trinkfeste Damen. Aus: A Description of Ireland. Zitiert nach: M.J. MacManus: So this is Dublin. Dublin: Talbot Press 1927. (Übersetzt von Elsemarie Maletzke. In: Dublin, hrsg. von ders. Frankfurt/M.: Insel Verlag 1985.)
Hermann von Pückler-Muskau: Reisebriefe aus Irland. Berlin: Rütten & Loening 1979.
Jonathan Swift: Prosaschriften. Hg., eingeleitet und kommentiert von Felix Paul Greve. 1. Band. Berlin: Reiss 1927/28.
Jacob Venedey: Irland. Zweiter Theil. Leipzig: Brockhaus 1844.

Die Jahresangaben hinter den Autorennamen in der Anthologie beziehen sich auf die Erstveröffentlichung des jeweiligen Textes.

Polyglott-Verlag, München: S. 46

Ringier Dokumentationszentrum, Zürich: S. 49, 55

Alle übrigen Abbildungen: Fritz Dressler, Bremen

BUCHER'S
IRLAND

Konzeption: Axel Schenck
Lektorat: Rüdiger Dingemann
Graphische Gestaltung: Peter Schmid
Herstellung: Angelika Kerscher, Sigrid Boegl

© 1990 by Verlag C.J. Bucher GmbH,
München und Luzern
Alle Rechte vorbehalten
ISBN 3 7658 0653 6